CULTURA
de LIDERAZGO

Ángel Gámez

Cultura de Liderazgo

Editorial RPEX
Personas de Éxito

Caracas, 2014

©   Copyright 2014
     ÁNGEL GÁMEZ

     Diagramación:
     CARLOS PÉREZ CÁRDENAS

     Diseño de portada:
     ÁNGEL GÁMEZ

     Montaje de portada:
     CARLOS PÉREZ CÁRDENAS

     ISBN: 978-1499116137

     Impreso en Venezuela
     por Miguel Ángel García e Hijo, s.r.l.
     Caracas

ÍNDICE

INICIO

Un amigo iba a buscar empleo en una compañía; ya le habían enviado el correo donde decía que tenía que reunirse con el gerente, quien también era el dueño de una gran compañía. Cuando mi amigo llegó a la puerta de la compañía la joven recepcionista lo estaba esperando. Él, con su currículo en la mano se presentó y le dijo que tenía una cita con el gerente, que a la vez era el dueño de la compañía. La joven señaló con su mano a un hombre que estaba de espaldas a unos metros de la recepción y le dijo: «Aquel señor de traje y corbata que ve allá es el señor Carlos, es el dueño de la compañía y el gerente». El señor Carlos era todo un líder carismático que hablaba mucho con las personas y en ese momento lo estaba haciendo. Carlos estaba de espaldas cuando mi amigo llegó donde se encontraba, lo tocó por el hombro y cuando éste se dio vuelta para responder al llamado, sin querer, con su codo tropezó los papeles del currículo del joven que venía a buscar el empleo, tirándolos al piso bruscamente.

En ese momento todo ocurrió como en cámara lenta, y a mi amigo le pasaron varias cosas por la cabeza (Qué pena, ahora qué va a pensar de mí. Ya no tendré el empleo. Es una situación embarazosa, el gerente tumbó mis papeles por mi culpa). Entonces hizo el gesto para recoger los papeles, lo mismo que hizo el gerente. Mi amigo se preocupaba mucho más porque pensó que si el gerente se tomaba la molestia de recoger los papeles, aquel momento incómodo se tornaría mucho peor, ya que un hombre tan importante, siendo el gerente, dueño de la compañía y estar recogiendo papeles del piso no se veía nada bien, por lo que le dijo: «Tranquilo, yo los recojo» y el gerente con energía le dijo: «No por favor, permítame recogerlos». Mi amigo con mucha más pena por aquel momento le insistió: «No se preocupe, yo los recojo». Pero el hombre de traje y corbata insistió en recogerlos y los dos se agacharon. Pero en ese momento el gerente tomó por los hombros con fuerza a mi amigo y lo miró fijamente a los ojos diciéndole con tono de firmeza: «Por favor, permítame recogerlos, se lo agradezco». Mi amigo se quedó sorprendido y no tuvo más remedio que esperar a que aquel elegante señor se agachara a recoger todos los papeles.

Cuando finalizó de recoger todos los papeles y ordenarlos en la carpeta se la entregó, lo miró a los ojos con un gesto de seriedad y le dijo unas palabras que resonaron en la mente de mi amigo, retumbando todo su cuerpo y moviéndolo espiritualmente: «EL QUE NO SIRVE, NO SIRVE». Inmediatamente volvió a pronunciar aquella poderosa frase pero con más suavidad, sabiduría y profundidad: «El que no sirve, no sirve». Luego colocó una sonrisa natural en su cara y le dijo: «¿Eres el joven que viene por el empleo? Dime, ¿En qué puedo servirte?».

Tengo varios días haciéndome unas preguntas, no sé si usted quiere hacérselas también. Las preguntas son las siguientes: ¿Qué vine a hacer aquí a la Tierra? ¿Para qué estoy aquí? ¿Cuál es el motivo de mi existencia? ¿Nací únicamente para morir? ¿O hay algo más que debo hacer? Y si hay algo más, ¿Qué será eso que debo hacer?

Lo cierto es que todas las respuestas que doy, al principio se tornan un poco individualistas, como querer cumplir retos y metas para mí mismo y evolucionar cada día, pero sigo sintiéndome con un extraño vacío interno. Sin embargo, a medida que sigo pensando y reflexionando en las respuestas a esas preguntas voy dando con una que hace que me sienta mejor, que me sienta más identificado, cómodo, llenando ese vacío que se generaba al principio con las primeras respuestas y pareciera que todas las respuestas finales me llevan a un solo camino, a una sola vía, a algo que no tiene otra finalidad. Y no es más que el servicio. Sentirme útil. Estoy aquí para servir.

Y usted, ¿Para qué está aquí?

Cuando trato de observar a fondo a las organizaciones también ocurre lo mismo: éstas están hechas para servir, para estar al servicio de las personas, sean de productos, servicios o bienes, ya que cualquiera que sea el caso no son más que motivos para estar al servicio de los demás.

Creo que cuando se acerque el tiempo en que culmine nuestra existencia biológica para transformarse en existencia espiritual, nos van a preguntar, o nos vamos a preguntar: ¿Qué he hecho por la humanidad? ¿Cuál ha sido mi aporte para ayudar a la humanidad? Y si la respuesta a esta pregunta no es algo significativo, algo que valga la pena, creo que el resultado será muy triste y apagado.

Hablando de servicio, quiero pedirle un favor que le va a ayudar a desarrollar su aprendizaje de manera abismal y va a permitir que usted asimile toda la información que hay en este libro para que la empiece a poner en práctica en el mismo momento que la esté leyendo.

¡Ayúdeme a escribirlo! Participe con sus comentarios y piense en todas las situaciones donde puede utilizar la información. Si por algún momento piensa que puede equivocarse, entonces va por buen camino, ya que la equivocación es el primer paso para aprender algo. Tome un lápiz o algo que escriba, puede hacerlo en el mismo libro o en una hoja o libreta aparte y si le cuesta escribir, entonces ponga a volar su imaginación, porque sea cual sea el caso, empezará a utilizarlos desde ya.

Voy a estar aquí para *servirle* en todo momento que desee –@agamez26–, y muchas gracias por su *servicio*.

¡Empecemos!

CULTURA DE LIDERAZGO

Hola, ¿cómo está? ¿Todo bien? Le estábamos esperando. Qué bueno que ha iniciado esta lectura. Prepárese para experimentar un cambio importante que va a mejorar su vida en múltiples escenarios; además de esto usted tendrá la oportunidad de aprender aspectos que cambiarán su entorno para crear un ambiente más próspero y productivo, mejorando además el trabajo en equipo y las relaciones en el sector laboral, la familia, la academia, entre otros espacios donde usted se desenvuelve.

A pesar de que el libro está escrito para el ambiente laboral, toda la información aquí suministrada puede ser transferida y aplicada a cualquier ámbito: la escuela, la familia, las amistades, el club, entre otros.

Así que usted puede transferir la aplicación fácilmente al escenario que mejor le convenga.

En este libro vamos a hablar de muchos aspectos, pero vamos a hablar específicamente de liderazgo y de cómo desarrollar y mantener una *cultura de liderazgo*.

Este libro se llama *Cultura de liderazgo* porque los humanos nos definimos por nuestras acciones. Pequeñas acciones diarias se convierten en costumbres, las costumbres poco a poco se van transformando en hábitos y un conjunto de hábitos reflejados en la familia, en un grupo o comunidad y en la sociedad en general, van definiendo la cultura. Y el liderazgo no es más que una forma de vida, que con acciones correctas y manejándolo asertivamente dentro de los grupos sociales puede llegar a ser una cultura.

Mientras esté ejecutando la lectura le pido que por favor visualice y se imagine a sus compañeros de trabajo, sus jefes, sus compañeros de clase o profesores si los tiene, sus hijos, padres o familiares, y que también vea si hay similitudes o diferencias, que compare y que observe analíticamente todos los escenarios, organizaciones y empresas, todas las situaciones que usted vive a diario en la escuela, en el trabajo, en la familia, en la universidad. Porque lo que vamos a estar escribiendo en adelante le va a funcionar para aplicarlo en cualquier escenario donde usted esté ejerciendo liderazgo o siguiendo a un líder.

Para hablar de liderazgo necesariamente tenemos que hablar de personas, porque el liderazgo se ejerce sobre personas. Y la razón de ser del liderazgo tiene tres vertientes y las voy a mencionar sin orden jerárquico específico. La primera es que el liderazgo debe ejercerse para ayudar a otras personas a que mejoren. La segunda es que estas personan ayuden al líder a lograr su misión, que no debe ser otra que la del servicio. La tercera es que, ejecutando las dos primeras, entonces estará ayudando a evolucionar al mundo. En pocas palabras, «ayudar y dejarse ayudar, para poder ayudar». Un poco paradójico ¿no?

Ahora, tres preguntas que surgen de la última frase que está entre comillas:

- ¿Por qué dejarse ayudar?
- ¿Por qué ayudar?
- Y ¿por qué estas dos primeras nos llevan a la tercera parte de la oración (poder ayudar)?

Voy a responder a la primera y posteriormente responderé a las otras dos. Sigo insistiendo, sin orden de jerarquía.

Para poder lograr nuestros objetivos, por pequeños o grandes que sean, necesitamos de los demás. Necesitamos que otras personas puedan colaborar con nosotros porque si no recibimos ayuda de alguien, difícilmente podemos lograr nuestros objetivos, nuestras metas, sueños y misiones de vida. Estamos en un mundo *interdependiente* y no como dicen algunos por allí, que somos independientes. Tampoco es que nos vamos a convertir en dependientes, no es ni una cosa ni la otra, sino algo diferente. Somos *inter-dependientes*. Desde siempre ha sido así, somos seres sociales. Tan sociales que cuando estamos solos recurrimos al Facebook, Twitter u otras redes sociales, mensajes de texto, llamadas telefónicas, para sentirnos acompañados, y necesitamos de otras personas para poder lograr todo lo que nos planteamos.

También, usted debe ayudar a otros porque es la única forma de garantizar que va a seguir recibiendo ayuda. Por otro lado es muy difícil prosperar, surgir, evolucionar sin hacer que los que están al lado nuestro evolucionen. Puede que la persona robe y pueda surgir en cierta forma, pero eso no es evolución y tampoco prosperidad, porque más temprano que tarde le estarán «pasando factura» por el delito. Quizás no terrenalmente, pero sí mental y espiritualmente, que por cierto es mucho peor. Porque prácticamente, cuando una persona roba o se aprovecha indiscriminadamente de los demás, recibe alimento para su cuerpo pero deja pasando hambre a su alma. Y eso va a generar problemas mayúsculos en la persona. El alimento espiritual y el corporal son igual de importantes. No se puede alimentar uno solo.

Imagine al dueño de una compañía. Está surgiendo su compañía, y por ende deberían surgir las personas que allí laboran. Es algo automático. Cuando esto no pasa de manera proporcionada empiezan los problemas. Si no es así, la empresa irá a la quiebra, o es que el empresario se aprovecha de su gente y eso no sería evolución ni prosperidad. Sería alimento para el cuerpo y hambre para el alma. Y es un poco de lo que menciono en las líneas finales del párrafo anterior. Entonces entre las personas que laboran en la empresa empezará el descontento y el trabajo de dichas personas no será de calidad, dando «dolores de cabeza» al dueño de la empresa, evitando la armonía en su vida.

Imagine a un profesor, está enseñando a sus estudiantes y mientras los enseña él aprende. Si él no aprende nada, difícilmente sus estudiantes estarán aprendiendo.

Es decir, mientras él ayuda se está dejando ayudar y viceversa, esto es altamente necesario para llegar a la última parte de la frase «para poder ayudar».

La única forma de evolucionar, prosperar, surgir, búsquele el sinónimo que desee, es ayudando y dejándose ayudar, a esto es a lo que me refiero con la última parte de la frase.

Somos seres sociales, necesitamos del otro ya sea afectiva, física, emocional, intelectual o espiritualmente.

Por eso es que digo que es casi imposible prosperar, surgir, evolucionar, lograr nuestros objetivos solos, sin afectar a alguien de mancra positiva.

Por cierto, todo esto tiene que ver con el *servicio,* ¿verdad que sí?

Todo lo mencionado nos hace que tengamos que generar un ambiente próspero y productivo y más que eso nos impulsa a crear algo que aquí hemos denominado *Cultura de liderazgo.*

COMENTARIOS DEL LECTOR

En consonancia con la convicción de que todos tenemos las facultades para ser líderes, y consciente de que ésta es una condición natural, un llamado de Dios a todos sus hijos, sin duda alguna, el tema de la *Cultura de liderazgo* merece toda nuestra atención, pues de una u otra manera, desde diferentes tribunas o escenarios, estamos llamados a ser conductores, a ser líderes, especialmente en esta época, cuando la competitividad extiende sus tentáculos.

En efecto, fuimos creados para ser dueños, protagonistas, productores y directores de nuestra obra más importante: *La vida propia*, y en consecuencia, somos responsables de los resultados, de los créditos, tanto en la cuenta personal como en la profesional, motivo por el cual debemos tener vigor, visión, responsabilidad y concienciación por nuestra propia existencia para encaminarla hacia las metas, amén de los procesos continuos de cambio, que se presentan por los avances en todos los órdenes económicos, sociales, culturales y políticos, porque el liderazgo, como se plantea en esta obra, no es algo aislado, es sinérgico, porque necesita del apoyo o consenso de los otros, de acompañamiento, de trabajo en equipo.

En este ascenso a la cima, el libro *Cultura de liderazgo*, de mi amigo Ángel Gámez, definitivamente se vislumbra como una guía en cuyas páginas, mágicamente, habitan las orientaciones que coadyuvan a divisar ese horizonte; donde la autoestima, la actitud positiva, el forjamiento de metas, el compromiso fehaciente, la interdependencia y el exquisito sabor de la ambrosía, que emerge del logro, se conjugan para sentir la satisfacción de un fehaciente éxito.

Continúa, caminante, este es otro de tus legados.

VIANNEY VALLENILLA
Asesora empresarial
@vianneyvalle1

¿QUÉ ES UNA ORGANIZACIÓN?

Me gustaría que respondiera por escrito o mentalmente esta pregunta. Tómese unos segundos. Estimule su intelecto.

_____

_____

_____

_____

_____

Puede haber millones de conceptos y posiblemente todos sean correctos. Vámonos con algo más práctico: ¿Cuáles pueden ser ejemplos de organizaciones?

Iglesias, escuelas, familias, empresas, comunidades, instituciones, gobiernos, entre otras.

Y, ¿qué conforma a una organización?

Pudiéramos decir, sin orden jerárquico y de manera general, que:

- Los recursos financieros
- Los recursos materiales
- La infraestructura
- El talento humano.

¡Excelente! Hasta ahora vamos muy bien. Imaginemos el ejemplo de la iglesia, para tomar uno. Y prepárese para poner la «sobremarcha» en su mente.

Empecemos a quitar lo que conforma una iglesia. Imagínese que quitemos todos los recursos materiales de una iglesia: las sillas, las mesas, las imágenes de las deidades si fuera el caso, todos los recursos materiales, todo lo que es palpable, físico y que no es el dinero. ¿Seguirá siendo una iglesia? Sí___ No___

Consigo muchas respuestas de las personas que asisten a nuestros cursos cuando hacemos esta pregunta, pero después de pensarlo un poco concluimos que sí puede seguir siendo una iglesia, aun sin los recursos materiales.

Vamos a seguir quitando lo que conforma una iglesia. Ya quitamos los recursos materiales. Ahora quitemos la infraestructura, las paredes, los pisos, los techos.

¿Puede seguir siendo una iglesia? Sí__ No__

Aun después de esta situación antes mencionada y pensando un poco con creatividad y profundidad, a las personas que les pregunto sobre esta circunstancia siguen afirmando que sí puede seguir siendo una iglesia aun sin recursos materiales y sin infraestructura.

Y usted ¿qué piensa al respecto? ¿Lo quiere anotar? Si lo anota estará estimulando su mente de una forma inigualable, es como hacer ejercicio físico pero esta vez con su cerebro_____

_____

_____

_____

¿Qué le parece si ahora nos vamos con los recursos financieros? Vamos a eliminarlos. Entonces la iglesia quedaría sin dinero, sin insumos o recursos materiales y sin infraestructura, sólo con la gente, talento humano. Ahora le vuelvo a preguntar: en estas condiciones, ¿puede seguir siendo una iglesia? Sí___ No___

Todavía la respuesta que he recibido de la mayoría de las personas que asisten a los talleres sigue siendo que «sí». Que la iglesia puede seguir funcionando y prestando sus servicios, quizás no con la misma calidad y facilidad que teniéndolo todo. Pero si se resuelve y por ende, sí puede seguir siendo una iglesia.

Ahora hay algo que no he discutido con las personas dentro de los talleres y cursos que me gustaría conversar con usted. Imagine que estas personas han quedado en la iglesia después de quitar todo lo demás y que tales personas están en la iglesia sin decir nada; el líder de la iglesia no habla y las personas tampoco, no se mueven, no hacen nada, solo están parados, estáticos. ¿Puede seguir siendo una iglesia? Sí__ No__

Si las organizaciones son personas, todo lo demás, a pesar de que es importante, no es indispensable. Pero estas personas no están estáticas, son personas comunicándose, cumpliendo reglas, normas, misiones, dogmas, mandatos, creencias, objetivos, en fin, utilizando un lenguaje.

Entonces, en última instancia ¿qué es una organización: un diálogo, un lenguaje, una cultura?

Mientras las organizaciones, las instituciones, las empresas estén manejadas por personas, siempre hay que hablar de *Cultura de liderazgo*, cultura de éxito, porque las organizaciones no son más que eso, personas comunicándose. Por lo menos hasta ahora ha sido así, no sabemos en el futuro, pero mientras las organizaciones estén dirigidas por personas es altamente necesario hablar de liderazgo.

Vamos a hablar entonces de algo llamado cultura de éxito, que también puede llamarse *Cultura de liderazgo*. La cultura lo que hace es darle personalidad a la organización. Porque si las organizaciones son personas y las personas tienen comportamientos y personalidades, entonces una organización debe tener personalidad, sabiendo que la organización no es más que gente interactuando.

Mire a su alrededor, si las personas son pasivas, así será su ambiente y así será su organización, su empresa, su familia. Hay organizaciones que son rabiosas, alegres, frías, animadas, soñadoras, emprendedoras, cabizbajas, flojas, humildes, arrogantes, elegantes, prácticas, fracasadas, exitosas, prósperas, dependiendo como sea la personalidad del líder y sus aliados, también será su cultura.

Y como esto es un fenómeno multidireccional, como se desarrolle la cultura entonces las personas reaccionarán y se comportarán de acuerdo con dicha cultura.

Una persona puede comportarse de una forma en un sitio y de otra en otro sitio, dependiendo de la cultura que se esté presentando en dicho ambiente.

El activo más importante en las organizaciones son las personas, el capital humano, no el dinero ni los insumos, mucho menos la infraestructura o el producto.

Haga la prueba de ir eliminado lo que conforma una organización con otro de los ejemplos y verá que más o menos tendrá el mismo resultado.

Las personas dentro de una organización funcionan como un todo, como uno solo. El todo es más que la suma de sus partes, pero al mismo tiempo, una sola parte puede marcar la diferencia y hacer que todo cambie. Imagine el cuerpo humano. Los órganos por sí solos, así funcionen todos perfectamente, no pudieran lograr lo que el cuerpo logra con ellos en interacción. Pero si algún órgano falla, puede desestabilizar a todo el cuerpo.

Lo mismo ocurre con las personas dentro de una organización: por separado no pueden lograr lo que todas juntas y en interacción positiva pueden lograr. Y al mismo tiempo, si una falla, puede afectar a toda la organización.

Siempre veo que cuando una persona brilla pone en alto el nombre de su institución y la gente se siente orgullosa de pertenecer a la misma. Y si una persona actúa mal, también afecta toda la imagen y el funcionamiento de aquella institución.

¿QUIÉN EJERCE EL LIDERAZGO?

¿Quién es el que empieza a accionar dentro de una organización para que todo fluya y para empezar a crear esta *Cultura de liderazgo*?

La respuesta a esta pregunta es bastante sencilla: el que empieza a accionar es el líder.

Para manejar, administrar, motivar e influir en las personas que están dentro de una institución hay que tener necesariamente desarrollado un poderoso liderazgo.

Para tener éxito en cualquier actividad que usted esté ejecutando, por pequeña o grande que sea, necesita liderar y para liderar de manera adecuada necesita ser una persona de éxito. Porque lo que haga o deje de hacer hablará más que sus palabras. Por lo tanto, podemos decir que el éxito y el liderazgo son dos hermanos siameses que van de la mano siempre.

Hay liderazgos positivos y hay liderazgos negativos. En el mundo de hoy, liderar y seguir a un líder, pero sobre todo saber liderar y saber seguir a un líder, son dos procesos muy importantes y necesarios para poder evolucionar; para que cualquier institución, organización o empresa pueda cumplir sus objetivos, pueda producir, pueda vender su producto o servicio de mejor forma o para que cualquier familia pueda vivir en satisfacción y felicidad continua.

Las preguntas que debemos hacernos son las siguientes: ¿A qué líder voy a seguir?, y ¿Qué tipo de líder debo ser yo para mejorar el ambiente laboral, institucional, organizacional? Eso lo vamos a ir descubriendo en la medida que vayamos leyendo.

Ahora, ¿Quién es líder? ¿El jefe, el coordinador, el que está al cargo de la jefatura o el que está en el cargo más alto de la empresa? ¿El papá, la mamá o la persona que está a cargo de la manutención de la familia? ¿El profesor, porque está a cargo de facilitar las clases? Posiblemente la persona que está en el cargo más alto de la institución, de la organización o del departamento tenga cierto poder y cierto liderazgo, pero no necesariamente tenemos que estar en el cargo más alto de la institución para ejercer liderazgo. Muchas veces hay personas que no están en los cargos de más alto rango en la institución y ejercen liderazgo. Hay hijos que son mejores líderes que sus padres, como también hay estudiantes que tienen más influencia en las personas que los propios profesores. A veces estas personas que no están en los cargos de «más rango» lideran mejor que la persona que está en un cargo de «más rango».

"Los gerentes son personas que hacen las cosas de manera correcta, Los líderes son personas que hacen lo correcto". Ambas conductas son necesarias en diversos momentos. Porque como líderes debemos ser eficientemente eficaces".

El genio de la oratoria

Por eso, si usted no tiene un cargo de «jerarquía» donde labora o donde se desenvuelve, igualmente puede ejercer liderazgo e influir positivamente en su ambiente y en las personas para mejorar la producción, cualquiera que ésta sea. Estemos hablando de empresa o institución, productos o servicio, pública o privada, familia o academia.

Y si usted tiene un cargo y tiene a su mando o a su disposición a personas, con más razón debe estar mejorando continuamente su liderazgo para poder influir de mejor forma en las personas.

Para ello debemos entonces comprender a las personas dentro del entorno laboral, saber cómo funcionan, qué las motiva y qué no. El hecho de que usted no esté en un cargo superior no significa que no pueda motivar a los demás; o mejor dicho, que no pueda encender la llama que prenda el fuego de la motivación.

¿Cómo entendemos nosotros a las personas en el entorno laboral, familiar o académico? Hay que tener un gran poder de observación para poder comprender mejor a las personas.

Presos en el trabajo

Fíjese bien en esto, hay personas que pareciera que estuvieran en un régimen de presentación cuando están en el trabajo. Prácticamente, es como que si el trabajo fuera una cárcel y estuvieran presos durante unas horas diarias. Hay personas que van a trabajar únicamente por necesidad o por cumplir un horario. Se levantan todos los días a las seis de la mañana para salir a las tres de la tarde.

¿Conoce usted a personas con este tipo de conducta?

Lo importante es entender a esas personas, más que juzgarlas. Son éstas las personas que tenemos en la institución, son las que están aquí. Pudiéramos cambiarlas por otras, pero las que lleguen tendrán otros defectos, quizás diferentes, porque todos tenemos defectos pero también virtudes, y son estas últimas las que debemos ayudar a que las personas desarrollen. Por esa razón la prioridad no es cambiarlas, por otra sino ayudar a que estas personas cambien internamente, y eso se puede lograr cambiando el ambiente, la cultura.

Ya vamos a ir explicando de manera minuciosa cómo ocurre ese proceso de influir en las personas positivamente y lograr que empiecen a producir cambios positivos y vean el trabajo de una manera diferente.

Por ahora debemos saber que si nosotros no comprendemos a estas personas y más bien las atacamos y las juzgamos, perdemos poder de observación, las cosas empeoran y estaremos agravando el problema, o lo que es peor, creando un nuevo problema.

Obviamente, hay personas que tienen tantos problemas conductuales que muchas veces no les convienen a la institución. Solo que cambiar de personal constantemente no puede ser la solución a los problemas dentro de las organizaciones. Sería más un «paño de agua caliente», una solución superficial.

Lo que tenemos que hacerle entender a esta persona y a nosotros mismos es que esta persona está perdiendo tiempo.

Supongamos que la persona trabaja cinco horas al día; estos son dieciocho mil segundos diarios perdidos si no se trabaja con dedicación, amor, pasión, entusiasmo, tanto para la persona como para la institución.

También tenemos que entender y explicar a los aliados, que pasamos mucho tiempo y gran parte de nuestras vidas en el trabajo y que si no sabemos aprovechar ese tiempo, si no amamos lo que hacemos y si no estamos en un buen ambiente laboral desde el punto de vista anímico, motivador, agradable, armónico, entonces el tiempo estará invertido en algo que no vale la pena y el resultado será desconsolador.

Ahora la pregunta: ¿Esa persona es usted o conoce a alguien en esta situación?

Porque la primera evaluación que debemos realizar en la institución o empresa tiene que empezar por el líder, es decir por usted.

La persona que pierde el tiempo en el trabajo y no produce, es porque algo le ocurre, y lo más probable es que el problema sea en el mismo ambiente de trabajo.

Ahora vienen otras preguntas que empiezan a conseguir la verdadera raíz del problema, y es donde debemos trabajar para solucionar: ¿Qué hace que esas personas tiendan a sentirse mal en el trabajo, lo cual les lleva a estar bajo el régimen de presentación? ¿Qué los mantiene perdiendo el tiempo diariamente? ¿Qué les está ocurriendo? ¿Qué específicamente podemos hacer para mejorar esta actitud negativa?

Las personas, por muy malas que sean sus conductas o por muy dañinas que sean algunas de sus acciones, en general tienen algo positivo que aportar, algo productivo que se puede aprovechar para bien. Por muy poco que sea el aporte, éste puede servir para sumar. Y si es muy mala la energía que tiene, al menos es energía, solo hay que colocarla en el sitio y momento exacto donde pueda ser útil.

Así que hay que averiguar qué está ocurriendo, qué hace que las personas no den lo mejor de sí y estén desmotivadas en el ambiente laboral.

Lo más probable es que existan algunos monstruos que acechan la calidad de su trabajo y que perturban su tranquilidad, impidiéndoles sentirse satisfechos dentro de la institución. Esto hace que su estadía dentro del ambiente laboral sea algo no grato y nada placentero. Toda esta situación hace que surja ese rechazo al trabajo y la molestia de dedicar tiempo en ese ambiente.

Hay cuatro monstruos que pudieran estar acechando a las personas dentro del ambiente de trabajo y que hacen que éstas no rindan. Los monstruos son los siguientes:

1. Mala comunicación.

2. Falta de motivación.

3. Falta de trabajo en equipo.

4. Falta de innovación.

Existen muchos otros y cada monstruo puede ser diferente para cada organización.

Ahora le pregunto, ¿Usted conoce de otros monstruos que pudieran estar acechando en el trabajo a las personas? Anótelo o piénselos en voz alta.

_____

_____

_____

_____

Usted se estará preguntando, o a lo mejor pensó o escribió sobre la parte económica, la parte del pago; eso escapa de nuestras manos en muchos casos. ¿Cómo hacemos con eso? ¿Será uno de los monstruos que acechan a las personas para no rendir en el trabajo?

Para estar más claros con respecto a este punto, voy a explicar algo muy importante en los siguientes párrafos. Luego puede volver y verificar su respuesta. Después de todo, este es su libro y puede experimentar con él cómo desee, ir, venir, leer, releer, adelantarse y regresarse, marcarlo con lápiz o bolígrafo, subrayar, anotar. Lo que desee.

Ahora, si los monstruos antes mencionados pueden ser factores que rompen con la motivación laboral, ¿cuáles pueden ser los factores que motiven a las personas?

COMENTARIOS DEL LECTOR

Abraham Lincoln solía decir: «Quien me regala un libro que no he leído, ese es mi amigo». La esencia de esto es que cuando me doy cuenta que una persona aporta verdadero valor a mi vida, entiendo que esa persona es un verdadero amigo. Ángel Gámez casi que cada día me enseña algo nuevo, si no es presencialmente en algún negocio, evento u actividad en que estemos involucrados, lo hace mediante sus libros. El valor que me ha dado Ángel es el de valorar la comunicación como herramienta definitiva para el éxito. Indudablemente, el valor de las empresas está en las personas, sin embargo, para que estas personas lleguen a un fin óptimo debe fluir la comunicación de una manera eficaz. Ahora entiendo un poco más al tan buscado liderazgo genuino, y lo que entiendo es que todo es una cuestión de comunicación. Ángel cree que el mundo puede ser un lugar más productivo, próspero y eficiente si evitamos los cuatro «monstruos» del trabajo: la mala comunicación, la falta de motivación, la falta de trabajo en equipo y la falta de innovación. Definitivamente, si crees que lo has visto todo y aún no has leído al profesor Gámez, probablemente no entiendas lo que significa una organización.

LEONARDO BRITO
Empresario-Emprendedor
@SEAEmpresario1

Motivación

Hablemos de motivación. La motivación es esa fuerza que nos impulsa a ejecutar lo que deseamos. Esa fuerza no se ve pero se siente. No se sabe la razón exacta ni la explicación científica pero existe algo que alumbra nuestro camino para que al final ejecutemos lo que nos hace sentir bien, sobre todo en un ambiente que nos permita desenvolvernos mejor. Es como un motor invisible que ruge para crear energía que nos estimula a lograr nuestros objetivos.

Mayormente, la motivación es alimentada cuando hacemos lo que nos gusta o cuando estamos en un ambiente agradable que nos trae beneficios, satisfacción.

Es muy difícil realizar algo que no nos guste o estar en un sitio que no sea placentero o nos traiga beneficios de alguna forma. A menos que sea algo obligado, y entonces la fuerza o la energía que se invierte será negativa o adversa, agotando rápidamente la motivación.

Por esa razón, es indispensable para el líder saber que es más importante convencer que obligar. Si usted procura convencer a una persona para que haga algo dentro de la institución en vez de obligarlo, tendrá entonces mejores opciones de que esa persona pueda ejecutar de una manera más fluida y armónica, y quizás más importante, ejecutar cuando usted no esté. El detalle está en que para convencer se necesita tener desarrollado un poderoso liderazgo, técnicas de comunicación y sobre todo crear una **Cultura de liderazgo**.

Ahora bien, hay que tener presente en todo momento que nadie motiva a nadie. Porque no estamos dentro de la otra persona ni tampoco son nuestros títeres, a quienes podemos dirigir a nuestra disposición.

Ahora, lo que sí se puede es crear un ambiente lingüístico que ayude a que las personas se motiven ellas mismas y puedan seguir el camino que consideramos el más apropiado como líderes.

Mucho se ha escrito sobre la motivación, es un factor que influye directamente en el rendimiento laboral. Una persona motivada puede lograr mucho. Una persona desmotivada poco puede lograr. Incluso, puede desmotivar a las que están a su alrededor.

Para poder crear el ambiente lingüístico que permita que las personas se motiven a sí mismas se requiere de liderazgo y comunicación. Y la sumatoria de esto se llama *cultura.*

Liderazgo + Comunicación = Cultura.

«Los jefes, los gerentes y dueños de compañías deben dejar de lado esos cargos para convertirse en verdaderos líderes. Si no, nadie les seguirá en el camino para que sus organizaciones salgan victoriosas».

El genio de la oratoria

Existen muchas investigaciones sobre motivación. Desde mi punto de vista, una de las más importantes se llama teoría bifactorial.

Los dos motores

Imagine una lancha o un bote, impulsado por dos motores. Un motor es pequeño y no tiene mucha potencia, por lo que sólo puede avanzar hasta cierto punto, es decir, sirve solo para encender la lancha y avanzar un poco, pero cuando se va a ejecutar un viaje de una isla a otra o un viaje de mediano o largo trayecto, este pequeño motor no sirve de mucho en vista de que no tiene la potencia necesaria. En pocas palabras, si la lancha sólo dependiera de ese motor, entonces quedaría naufragando en la mitad de la nada, sin poder avanzar ni poder regresar. Por esa razón existe el otro motor, que es mucho más grande y más potente y que le permite no sólo llegar a la lancha a otra isla o hacia otro destino de un largo viaje, sino que también puede seguir avanzando hasta llegar a otras islas y hasta tierra firme, pudiendo lograr sus metas y objetivos.

Lo mismo ocurre con la motivación, existen dos motores: uno pequeño y uno grande y potente que mueve a las personas a realizar alguna actividad. Todo esto se puede ver expresado en la teoría bi-factorial. Según Frederick Herzberg, un famoso especialista en el campo de la motivación laboral, existe un modelo mental para la motivación llamado teoría bifactorial. Es un modelo clásico pero cuya validez actual es lo que la hace tan importante. Existen dos tipos de factores que pueden influir en las personas para que éstas estén motivadas o no, trabajen donde trabajen, sea la organización del sector público o privado y tengan el cargo que tengan, Estos factores son los siguientes: *factores de higiene* y *factores motivacionales.* Motor pequeño y motor grande.

Los dos motores son totalmente necesarios.
Solo que uno es más potente.
El hecho de que uno
de los dos sea más potente no quiere decir
que el menos potente no lo utilicemos,
solo que el más potente es el que nos va
a garantizar llegar a puerto seguro. GO.

Factores de higiene (motor pequeño)
• Dinero, sueldos, aumentos, bonos, beneficios
• Políticas de la organización
• Espacio físico y condiciones de las instalaciones
• Supervisión
• Estatus que tenga la organización
• Seguridad.

Factores de motivación (motor grande)
• Logros
• Crecimiento personal y profesional
• Reconocimiento de la labor
• Independencia en las decisiones
• Promoción, ascensos
• Aumento de responsabilidades y metas
• Satisfacción y autorrealización.

Los factores higiénicos podemos decir que son el primer motor, pero el más pequeño. En pocas palabras, sólo funciona como un dispositivo emergente que puede crear motivación pero hasta cierto punto. Llegará un momento en que la persona que labora perderá la estimulación y las ganas de seguir en el cumplimiento de las metas si solo nos centramos en trabajar con los factores higiénicos. No dejo de mencionar que los factores higiénicos son importantes pero no lo esencial, son como «pañitos de agua caliente», soluciones superficiales.

Los factores higiénicos son un pequeño impulso que se desgasta rápidamente. Cuando a un trabajador que está desmotivado le aumentan el sueldo, puede que se estimule a trabajar pero en un corto tiempo empezará a pedir un nuevo aumento.

Sin embargo, si *usted* es un líder o una líder y desea aumentar la prosperidad en su sitio de trabajo o en su organización, sea cual sea ésta, y desea incrementar la motivación de las personas a su alrededor, debe usted centrarse en el motor más grande y poderoso para que la «embarcación no naufrague».

Por tal motivo debe centrarse en los *factores motivacionales*. Sin descuidar los higiénicos. Permitiendo que las personas en su entorno puedan crecer desde el punto de vista personal y profesional. Manteniendo un seguimiento de lo que hace para reconocer cualquier avance. Abrir y flexibilizar su mente para que de alguna forma se permita que las personas tomen sus propias decisiones.

Por eso será necesario formarlos para que se mantengan en constante aprendizaje. Ir paulatinamente aumentando las responsabilidades y sobre todo las metas, y en ese caso el logro de una meta es el inicio de otra mucho más grande. Y por último, y más importante, crear un ambiente donde de cualquier forma las personas puedan lograr y mantener el máximo de satisfacción.

Si pudiera resumir este tema en una frase diría que lo más importante en una organización es lograr que su gente obtenga el mayor grado de satisfacción continua y permanentemente.

Una persona que está satisfecha o que se le permita la oportunidad de sentirse satisfecha podrá mantenerse motivada. Y una persona motivada puede llegar a la Luna si lo desea.

Es prudente destacar que el placer, la satisfacción o la autorrealización en este caso deben venir luego del esfuerzo, del trabajo, del proceso.

Cuando una persona obtiene algo a base de su esfuerzo, la satisfacción por ese logro será mucho mayor que si lo hace sin ningún esfuerzo, en este caso que concierne al ambiente laboral.

Si a un jugador de fútbol le llevan el trofeo de campeones para su cama mientras está acostado creo que no sería algo significativo para él. Más bien hubiese querido sudar la camiseta, sufrir los partidos y obtener el campeonato de esa manera.

Algo que debemos tener claro es no confundir la *satisfacción* con la *felicidad*.

Para ello es trascendental establecer la diferencia entre felicidad y satisfacción. La felicidad es una decisión que toma una persona por sus propios medios. Podemos estar felices sin importar los bienes materiales ni las carencias que podamos tener: podemos ser felices en la abundancia, en la escasez, ganando poco dinero o ganando mucho. Es por eso que digo que la felicidad es una decisión.

La mejor forma de estar feliz es viviendo el aquí y el ahora, sin desesperarse por el futuro ni permitir que el pasado pueda entristecernos. Ojo, no quiere decir que no vamos a planificar para un futuro mejor ni aprender del pasado, pero planificar con visión de futuro o aprender del pasado no es lo mismo que entristecernos o desesperarnos por algo que no ha ocurrido o que ya pasó.

En todo caso, lo que quiero decir con todo esto es que si *usted* puede, en la medida de lo posible, generar un ambiente donde las personas puedan experimentar la mayor satisfacción, sin perder la disciplina y los objetivos de la institución, entonces tendrá personas motivadas y ya sabemos lo que una persona motivada puede hacer.

Vamos a ver de mejor forma la diferencia entre felicidad y satisfacción.

Imagine que su pareja es el mejor chef o la mejor chef de la ciudad, que prepara unas comidas exquisitas, usted está muy feliz por eso, por tener el mejor chef o la mejor chef en su casa. Pero usted siente satisfacción solo cuando puede degustar aquellas ricas comidas y postres que prepara su pareja.

Lo mismo ocurre si usted va tomado de la mano con su pareja por la playa, escuchando el romper de las olas, sintiendo lo espectacular de la brisa marina y observando lo hermoso de la arena y el mar. Posiblemente usted en ese momento siente mucha felicidad, pero cuando usted está haciendo el amor con su pareja, sintiendo pasión y llegando al éxtasis de un gran orgasmo, entonces allí está experimentando con satisfacción y autorrealización.

La satisfacción se parece mucho a la pasión y se asocia más con el placer.

Le pido por favor que el ejemplo anterior no lo tome tan literalmente ya que es solo una imagen para procurar explicar la diferencia entre dos fenómenos complejos de la conducta humana como lo son la felicidad y la satisfacción.

Recuerdo una vez que en uno de nuestros cursos estábamos dando este ejemplo y una persona dijo: «Ya sé qué es lo que necesitamos en la empresa: comida y sexo, con eso todos estaremos satisfechos». Y todos explotaron en risas.

Lo que quiero explicar es que la satisfacción es variable en cada ser humano, pero en general tiene mucha similitud entre las personas, y sobre todo dentro de una misma cultura. La tarea del líder es descubrir qué hace sentir satisfechas a las personas en su organización y sobre todo comprender que la felicidad es decisión de cada quien y que la satisfacción se busca, se consigue, se pierde momentáneamente y hay que volver a buscarla, como es el caso del placer que se siente con la comida y las relaciones sexuales.

¿Qué pasa cuando una pareja es muy feliz pero no siente satisfacción?: tiende a existir la traición, porque en una pareja deben existir las dos cosas, tanto felicidad como satisfacción ya que se complementan. ¿Cómo sentir satisfacción en la relación de pareja? Lo debe descubrir cada pareja. Las vivencias y las personalidades darán las respuestas.

Lo mismo ocurre con el ambiente laboral u organizacional. Si una persona no siente satisfacción en un ambiente, ya sea su ambiente de trabajo, academia o familia «traicionará» ese ambiente y buscará otro que sí le haga experimentar satisfacción.

Hay personas con las que da placer andar, conversar, su sola compañía nos regocija. Hay sitios, lugares, ambientes que provocan estar allí y quedarse todo un día, meses o años.

Lo contrario es que hay personas que no provoca ni acercárseles y lugares que no provoca visitar.

Por ello el lugar de trabajo o el lugar donde dedicamos más nuestro tiempo debe convertirse en un lugar agradable, manteniendo siempre el compromiso de nuestras responsabilidades pero al mismo tiempo sintiéndonos bien. Para trabajar no hace falta estar sufriendo.

Le voy a ir realizando unas preguntas que me parece van a descubrir los elementos esenciales de una organización, mientras a la vez voy a ir desarrollando los aspectos que encierran los *factores de motivación,* que considero que todo líder debe manejar adecuadamente como una brújula que guíe su rumbo.

Crecimiento personal y profesional: Ofrécele a las personas de tu organización, en la medida de lo posible, algo más que sólo la labor, algo que lo haga crecer como persona y también de manera profesional.

No es trabajar por trabajar, necesitamos algo más importante en qué centrar nuestras acciones diarias. Que sea un objetivo difícil pero alcanzable a la vez. Una oportunidad para crecer, donde la persona sepa que no va a estar toda la vida en un puesto sino que puede ir ascendiendo y creciendo.

Yo aquí podría decir miles de ejemplos, pero cada organización tiene su particularidad y la intención es que usted como líder pueda ir descubriendo qué necesitan usted y sus aliados.

Recuerdo que en una asesoría que estuvimos prestándole a una empresa de franquicias que vende zapatos, los líderes a quienes asesorábamos me preguntaban por qué sus trabajadores no estaban tan comprometidos con la empresa, sobre todo los vendedores, y recuerdo que les dije que debían decirle a sus vendedores que ellos no estaban vendiendo solo zapatos, sino que proporcionaban la base firme de los pies para que las personas pudieran saltar y alcanzar el éxito. Y eso los dejó pensativos. Un mes después me llegó un correo de agradecimiento y una propuesta de trabajo para seguir asesorándolos.

Este es apenas un ejemplo sencillo de cómo permitir que las personas crezcan personal y profesionalmente, pero imaginarse y crear algo diferente son mejores opciones ya que tienes la fórmula.

Responda por escrito o mentalmente: ¿qué podría ofrecerle o que podría proponerle a las personas para crecer personal y profesionalmente?

_____

_____

_____

_____

_____

_____

Reconocimiento de la labor: no te vayas de una jornada sin alabar algo de las personas, tanto de forma general como individual. Observa lo que hacen y reconócelo. Más adelante vamos a profundizar con respecto a este tema del refuerzo positivo o negativo, el cómo y de qué forma utilizarlo para obtener el máximo provecho, pero por ahora es prudente que como buen líder puedas reconocer los esfuerzos, el trabajo y cada aporte por pequeño que sea.

Repito, tengas un cargo de poder o no, incluso puedes reforzar hasta a tus jefes, ¿por qué no?

Esto no quiere decir que no se le va a exigir a las personas para que se cumplan los objetivos y la misión de la organización. Solo que si se les reconocen las acciones pequeñas, podrán lograr las grandes.

¿Cómo más puedes reconocer la labor de cada uno de tus aliados? Responda por escrito o mentalmente.

_____

_____

_____

_____

_____

_____

Permitirles tomar sus propias decisiones: de alguna forma, puedes hacer que los aliados de una organización sientan que toman decisiones importantes, esto les ayudará a crecer y madurar. Para esto es vital y trascendental incorporarlos en la elaboración de los proyectos, la construcción de la misión y objetivos de la institución u organización, entre otros aspectos similares.

Insisto en el tema de permitir en lo posible que las personas dentro de la organización tomen sus propias decisiones, porque el líder no tiene un control remoto para vigilar y dirigir a las personas todo el día, dejando que tomen decisiones que al principio pueden ser pequeñas, que quizás no impliquen mucho riesgo, para luego ir por las más grandes, y esto generará la confianza necesaria para funcionar mejor aun cuando el líder no esté presente. Evitando así el fenómeno de la *omnipresencia del líder,* tan perjudicial en las organizaciones.

Me preguntaba alguien una vez: ¿qué es el fenómeno de la omnipresencia? Y le respondí: es donde el líder siempre debe estar presente para poder tomar cualquier decisión. ¿Usted se imagina? Si el líder no está, entonces no avanzaría nada, esperando a que él llegue.

De esta forma no avanza una organización, hay que dar el chance para que se tomen decisiones.

¿De qué otra forma puedes permitir que tus aliados se sientan poderosos tomando ellos mismos sus decisiones?

_____

_____

_____

_____

_____

_____

Aumento de responsabilidades y metas: siempre que culmina un año hay que replantear *los objetivos* e ir aumentando las responsabilidades de las personas paulatinamente.

Sobre el planteamiento de metas y responsabilidades vamos a profundizar más adelante, por ahora responda, para ir ensayando: ¿De qué forma puedo permitirles a las personas aumentar las responsabilidades dentro de la organización?

_____

_____

_____

_____

_____

_____

«El ser humano no sólo tiene necesidades fisiológicas o necesidades básicas que debe satisfacer, hay otro tipo de necesidades de orden superior que son igual de importantes. Es esto lo que nos hace humanos».

EL GENIO DE LA ORATORIA

Satisfacción: he aquí la pregunta más importante que debe hacerse siempre un líder dentro de una organización para mantener la motivación al máximo. Esta respuesta no la puedo dar por usted, en vista de que cada contexto puede hacer que varíen las respuestas. La respuesta a esta pregunta es la que le guiará en todo momento y es la esencia de la motivación. Hágasela las veces que sean necesarias y en todo momento. ¿Cómo puedo hacer para convertir la organización en un ambiente de mayor satisfacción, manteniendo los objetivos de la misma? Y por último puede preguntarle a varios de los aliados de la organización, a los jefes, a los trabajadores: ¿Qué le hace sentir satisfecho y autorrealizado en el trabajo?

_____

_____

_____

_____

_____

_____

COMENTARIOS DEL LECTOR

El reto de ser un líder es que a la hora de motivar a tu equipo, a cada persona le motivan cosas diferentes.

Tal vez alguien está en tu equipo porque se quiere superar profesionalmente. Puede ser que otra persona está en tu equipo porque está buscando reconocimiento profesional. Quizás una tercera persona está en tu equipo porque tiene el deseo de cambiar a su país al trabajar en tu organización.

Si intentas motivar a todas las personas de la misma forma, a largo plazo fracasarás en tu intento de crear esa cultura de liderazgo que tanto anhelas. Porque es como si intentaras motivar a tus dos hijos comprándole un durazno a cada uno, cuando lo que realmente motiva a un hijo es comer un helado, y lo que motiva al otro hijo es disfrutar de un chocolate. No puedes motivar a todos de la misma forma todo el tiempo. Tienes que motivarlos de manera personalizada.

Así que: ¿cómo logras motivar a cada persona de manera personalizada? Sencillo: tienes que sentarte a escuchar, entender y apreciar a cada uno de tus colaboradores. Porque sólo cuando descubres qué motiva a cada uno personalmente, puedes diseñar un plan de motivación que también los motive empresarialmente.

Si quieres aprender los 10 factores que motivan a las personas en todo tipo de organizaciones, escríbeme un e-mail. Estaré encantado de apoyarte.

STEPHAN KAISER
Experto internacional en liderazgo y motivación
Presentador de televisión
info@liderazgosinlimites.com

LAS CATEGORÍAS DE LIDERAZGO EN LAS ORGANIZACIONES

Por lo general, las personas cuando comienzan a trabajar en una organización, todo es excelente, el rendimiento de cada uno es óptimo y todos dan el cien por ciento para que se cumplan las metas. Sin embargo, al ir pasando el tiempo la motivación disminuye y las personas van cayendo de nivel, hasta llegar a cero motivación. Todo esto ocurre por no conocer las categorías de liderazgo y no implementar mecanismos para mantener la motivación y generar la *Cultura de liderazgo*.

El líder dentro de una organización debe convertirse en un fiel observador de todo el sistema organizacional. Debe conocer completamente a todas las personas que hacen vida en la organización, al menos saber cuál es su conducta o su comportamiento general.

Para ello es indispensable que conozca cuáles son las categorías de liderazgo. Si las personas son lo más importante dentro de una organización, saber cómo es su patrón de conducta para influir en ellas para que éstas mejoren representa la piedra angular del líder. Existen cuatro categorías de liderazgo que el líder debe conocer, al igual que sus aliados, para saber dónde se encuentran y poder ir avanzando en la evolución de la empresa.

Cuando un ser humano tiene un problema lo primero que debe hacer para solucionarlo es saber que lo tiene. Darse cuenta de que éste existe. Conocerlo bien para abordarlo de manera que no se repita. Lo mismo ocurre con las categorías de liderazgo, es indispensable conocerlas al máximo para saber cómo mejorar y hacia dónde ir.

Las categorías de liderazgo son un modelo que explica de manera práctica los comportamientos de las personas dentro de las organizaciones.

La intención es saber que es sólo un modelo, una teoría que si bien da una guía muy importante, el objetivo no es etiquetar o culpar a nadie.

También es necesario aclarar que las categorías no son estáticas, en vista de la complejidad de la conducta humana. Por lo tanto podemos ver características de varias categorías en una sola persona. También las categorías son cambiantes y puede que una persona un día amanezca en una y al día siguiente en otra. Por eso la recomendación es tratar de avanzar y mantenerse en la categoría número cuatro, que es la que más le interesa a la organización para poder evolucionar y producir.

Las categorías no respetan cargos, es decir que a veces vamos a conseguir «jefes» en la organización con categorías uno, dos, tres o cuatro y a lo mejor conseguimos dentro de una organización barrenderos que están en el nivel cuatro, tres, dos o uno.

Las categorías de liderazgo tampoco pretenden hacer alusiones personales ni herir susceptibilidades, sino ayudar a conocer mejor cómo estamos y cómo están nuestros aliados para así poder cambiar. En pocas palabras, son un «mapa» que permitirá ubicarnos en un sitio para buscar nuestro norte o nuestra meta.

Algo que no puedo dejar escapar es que los nombres con los que se ha mencionado a las cuatro categorías son poco ortodoxos, quizás un poco extraños, y lo más importante es que usted se centre en las características de cada uno más que en los nombres.

Así que, vamos a empezar a desarrollarlos.

Categoría 1: Vampiro chupasangre

Este es el tipo de personas que en general llegan tarde y se van temprano del trabajo, son llamados *chupasangre* porque literalmente lo que están haciendo es chupándole la sangre a la organización. En pocas palabras, consumen más de lo que aportan, y con personas así la organización irá rápidamente a la quiebra.

Una vez trabajé en una escuela con un compañero que siempre llegaba tarde y se iba temprano; de hecho, como no había supervisión, adelantaba las firmas en la hoja de asistencia de toda la semana, tanto la de entrada como la de salida y colocaba la firma a la hora exacta. Cuando el directivo al finalizar la semana verificaba la hoja de asistencia, entonces decía que él era uno de los mejores trabajadores, porque llegaba y se iba a su hora exacta ya que la firma se convirtió en un *indicador de producción*. Grave error del directivo.

Las personas de la categoría *chupasangre* saben hacer buenas relaciones, pero para hablar mal de la organización o de los compañeros. Todo lo critican y nada les gusta, porque siempre están a la defensiva en contra de los cambios.

A estas personas podríamos llamarlas «problemólogos», porque son especialistas y tienen un poder de observación enorme para detectar problemas y hacer de éstos excusas para no hacer su trabajo.

Usted les escuchará diciendo: —«No he podido terminar el trabajo porque el día está soleado y hace mucho calor».

Hay que destacar que estas personas pueden convertirse en grandes líderes y atraer seguidores, sólo que su liderazgo se balancea hacia lo negativo.

¿Por qué estas personas se comportan de esta manera? La respuesta la tenemos en unos párrafos anteriores. Estas personas no disfrutan de su trabajo, no sienten satisfacción y por ende lo que queda es el saboteo.

Si no tomamos medidas para abordar asertivamente a las personas que presentan conductas en esta categoría, tales conductas se irán multiplicando rápidamente como virus y terminarán por contaminar a las otras personas. Recordemos el poder de liderazgo que tienen estas personas. De hecho tienen gran energía, sólo que esa energía debe ser reorientada.

El resultado en esta categoría es: Apatía, desconsuelo e intriga.

«Me escapé de la rutina para pilotear mi viaje,
porque el cubo en el que vivía se convirtió en paisaje.
Yo era un objeto esperando a ser ceniza, un día decidí
hacerle caso a la brisa».

CALLE 13

Categoría 2: Maniquí estéril

Estas personas tienden a ser puntuales, llegan a la hora y se van a la hora, pero no dan ni un segundo más a la institución porque eso no se lo están pagando. Dirán algo como esto: «Yo siempre llego a tiempo pero también me voy a mi hora exacta». Resulta que muchas veces la puntualidad no indica producción, o que la persona esté trabajando bien.

Hay personas que cumplen el horario y rinden menos que personas que a lo mejor por algún motivo no cumplen cabalmente con su horario.

Recuerdo que en la universidad tuve un profesor que siempre llegaba una hora tarde pero la clase que daba valía la pena, tanto que ni nos dábamos cuenta sus estudiantes de esa hora que faltaba. El aprendizaje que obteníamos de sus clases era tal que no hacía falta esa hora. A eso se le llama producción, que es mucho más importante que la puntualidad. A menos que la puntualidad sea parte de la producción, como en muchos casos suele ocurrir (esto lo explicaremos más adelante).

A esta categoría se les llama *maniquí* porque es el equivalente a besar a un maniquí, nada, insípido, neutro, vacío. Ni frío ni calor.

Trabajan porque es lo correcto, no porque les gusta y no asumen el liderazgo porque no les toca ya que necesitan primero ascender, llegar a la «cima» de la organización para poder tomar el liderazgo. Resulta que el liderazgo no tiene un tiempo específico ni tampoco requiere de cargos para ejercerlo, sino que llega y listo, hay que ejercerlo cuando uno menos lo espera, tengas el cargo que tengas y cuando esto ocurre debes asumirlo con *humildad y valentía*.

Las personas que están en la categoría de *maniquí* hacen muy pocas amistades en el ambiente laboral porque según ellos su función no es la de hacer amigos. A estas personas hay que hacerles entender que las buenas relaciones facilitan el desenvolvimiento, el trabajo en equipo y el logro de los objetivos de mejor forma.

No se trata tampoco de convertir el sitio de trabajo en un club de amigos. Eso no es lo que se quiere.

Un amigo me decía una vez unas palabras que son muy sabias para comprender este punto: *Uno puede mezclarse con los compañeros de trabajo, lo que no puede es diluirse.*

En general, las personas que están en esta categoría no participan en ninguna actividad de celebración de la organización y si lo hacen es por puro compromiso obligado. Y su eslogan es «trabajo aquí para tener algo seguro». Resulta que la seguridad no existe, es una ilusión.

Son personas apegadas a la ley. No son capaces de hacer nada extra de su trabajo. Si ven un papel en el piso y alguien les pregunta si pueden recogerlo, dirán algo como: «Ese no es mi trabajo» o «Cuando me contrataron no lo hicieron para que recogiera papeles del piso».

La legalidad es su eslogan y se basan únicamente en ese aspecto a la hora de accionar.

Imagine que usted labora en una farmacia y por decreto de ley las farmacias sólo venden medicamentos a las personas que tienen récipes firmados y sellados por un médico. En ese momento llega una mujer embarazada que requiere de un medicamento urgente porque está sangrando y el hospital más cercano está muy lejos de allí. Usted entonces tiene que romper las reglas, porque la parte humana va por encima de las leyes.

Las leyes fueron hechas por humanos, dado que su aplicación debe ir siempre balanceada hacia la sensibilidad humana.

El resultado de esta categoría es: Rabia, impotencia e indiferencia.

«Si la empresa donde estoy trabajando
privilegia las reglas sobre las personas, la renuncia
sería la mejor opción, o al menos la salida más digna…
porque, no todo lo legal es ético,
ni todo lo ético es legal».

WALTER RISO

«Y no todo lo legal ni todo lo ético es justo».

EL GENIO DE LA ORATORIA

Categoría 3: Derroche, caucho en el fango

Esta categoría se llama *derroche* porque es un verdadero derroche de energía. Es como cuando un automóvil se queda atascado en el fango y el caucho sólo da vueltas en el mismo sitio sin poder salir del atasco.

Imagínese dar vueltas y vueltas y permanecer en el mismo sitio.

Usted reconocerá a estas personas porque tienen las mejores ideas, sólo que no las ponen en práctica. Dirán algo como: «Este trabajo se haría mejor si se hiciera de tal forma» pero no lo hacen, sólo lo dicen.

Son personas que quieren dar más de lo que pueden y se comprometen con todo porque no saben decir que no. Es decir, no tienen conciencia de sus límites y de hasta dónde pueden llegar. Por lo tanto se agotan y no pueden cumplir con lo ofrecido.

Esto les ocurre porque quieren quedar bien con todo el mundo menos con la persona más importante con la que se debe quedar bien. Él mismo o ella misma. Si estamos bien con nosotros mismos es más probable estar bien con los demás. Si estamos mal con nosotros mismos, difícilmente podamos estar bien con los demás.

Es factible que la conducta de comprometerse con todo y querer hacerlo todo solos es porque quieren brillar individualmente, por eso usted verá en muchos casos a estas personas ocultando información y trabajando en secreto, sin saber que en una organización el logro de todos es el logro de uno y el éxito de uno es el éxito de todos.

Por lo antes expuesto, el trabajo en equipo no se les va del todo bien a estas personas que desarrollan sus acciones en esta categoría.

No se puede negar que a estas personas les gusta trabajar. Aman trabajar, pero no necesariamente aman lo que hacen, que son dos cosas muy diferentes.

Y sobre todo, quieren ser líderes de manera forzada. Los únicos líderes. Usted los verá queriendo tomar la batuta en todo y resulta que el liderazgo no debe asumirse atropellando, sino más bien esperando la oportunidad que llega para todos.

Hay que tener mucha sabiduría para detectar cuándo asumir el liderazgo o cuándo seguir a un líder. Y eso es algo que le falta a las personas de esta categoría.

Como las otras dos categorías anteriores, se deben tomar medidas para que lingüísticamente podamos estimular a estas personas para que puedan subir y mantenerse en la categoría número cuatro, la cual desarrollaremos de inmediato.

En esta categoría el resultado es: Ansiedad y agotamiento.

**«Nadie es tan fuerte como para hacerlo todo solo.
Nadie es tan débil como para no ayudar»**

ANÓNIMO

Categoría 4: Excelencia

Usted reconocerá a estas personas porque generan un liderazgo asertivo y cuando se les observa trabajando irradian una energía que también provoca trabajar.

Son los verdaderos motores de las instituciones porque literalmente las mueven hacia el éxito y la producción, tanto que si ellos no están, muchas veces las cosas no funcionan como deben.

Saben trabajar en equipo, conociendo cuándo delegar y cuándo asumir el trabajo por sus propias manos, porque se las arreglan para hacer que otros brillen a la vez que ellos brillan también. La mezquindad se desvanece por completo cuando está su presencia.

Son personas que están en constante aprendizaje y cuando no saben cómo resolver algo piden ayuda abiertamente, sin sentir pena de no saber resolverlo.

En general aman lo que hacen y hacen lo que aman, porque si siempre han hecho el trabajo de una forma y por algún motivo deben experimentar un cambio, se adaptan rápidamente a la nueva forma de hacerlo o a la nueva responsabilidad con ímpetu y gallardía.

Saben hacer amistades basadas en el respeto y al mismo tiempo respetando el ambiente de trabajo y la «hora de la labor». Saben que todo tiene un tiempo y a la vez hay tiempo para todo.

Siempre que detectan un problema su cerebro instintivamente empieza a maquinar con posibles soluciones rápidas y precisas, para luego dar con una mejor a largo plazo.

Por eso se les llama «solucionólogos». Por lo veloces que son para conseguir soluciones creativas de beneficio para la mayoría.

Y lo más importante: son capaces de cometer errores, asumirlos, reconocerlos y mejorarlos. Saben que si un día llegan tarde por alguna causa, no es motivo de lamentos sino que más bien posteriormente pueden recuperar dicho tiempo realizando otra actividad o produciendo de alguna forma.

Comprenden a las demás categorías sin prejuicios y procurando ayudarles a subir hacia el mismo nivel en que ellos se encuentran, sin menosprecio y siempre utilizando las buenas comunicaciones y la asertividad.

En esta categoría el resultado es: Felicidad, satisfacción y producción.

COMENTARIOS DEL LECTOR

¿El vampiro chupasangre?… (Sonrisas) Sin duda, nunca habría escuchado una forma tan peculiar de definir a un líder a no ser por este grandioso libro… Felicidades al autor.

Las cuatro categorías indicadas en esta obra se destacan por ser sencillas de entender, un aspecto importante a resaltar tomando en cuenta que en la actualidad más de 60% de las personas prefieren hacer el menor esfuerzo para entender una lectura (un aspecto que obtuvimos gracias a las nuevas tecnologías y las redes sociales).

El liderazgo empresarial es (como siempre me ha gustado decir) un activo intangible que permite a muchas organizaciones crecer de forma exponencial y, como bien dice el autor, existen liderazgos que se inclinan al aspecto negativo, pero, ¿qué pasa si ese liderazgo fue producto de una mala decisión empresarial?

En una oportunidad trabajé en el área de Mercadeo junto a un compañero que por lo general era una persona muy carismática, llena de energía, con ideas creativas y con una gran capacidad de mover masas en la empresa (un líder de categoría 4). El tiempo transcurrió y le fueron cambiadas las funciones dentro de la empresa, lo cual trajo como consecuencia el desinterés de parte de mi compañero y poco a poco se fue transformando en un vampiro chupasangre.

Así, pude constatar que muchas veces el liderazgo de una persona puede darse de acuerdo con su entorno, las actividades a realizar y, por supuesto, la pasión de la persona por lo que hace. Por ello apostaría a que lo líderes de la primera categoría pueden ser mejores si sus superiores saben detectar la pasión y la proyección de la persona de forma adecuada para explotar sus mejores cualidades. Así, y sólo así, una persona que ama la fotografía y trabaja como asistente administrativo en «modo chupasangre» puede desarrollar todo su potencial hasta convertirse en un líder de categoría 4 en un departamento relacionado con la fotografía dentro de la misma empresa.

Desde mi punto de vista, las cuatro categorías están bien definidas en el libro, pero se debe tener la capacidad de definir y determinar la pasión del individuo para ubicarlo en su mejor área de trabajo, a fin de tener una gran cantidad de líderes de categoría 4 en la organización. Con base a esto, podríamos dejar que los vampiros nos chupen la sangre toda la vida o guiar al individuo a transformarse en un líder por excelencia, es una decisión que está en manos del líder empresarial.

FRANKLIN A. BAQUE
Marketing online, Diseñador gráfico y Diseñador web.
Fundador de Twit Digital
y TuEventoEmprendedor.Com - @FrankBaque

PUNTOS DE PARTIDA PARA CREAR LA CULTURA DE LIDERAZGO

Por lo general, las personas cuando empiezan a trabajar en una institución, los primeros días empiezan trabajando al cien por ciento, dándolo todo para que el trabajo fluya, les interesa que las cosas salgan bien. Pudiéramos decir que empiezan en la categoría Excelencia. Pero con el paso del tiempo empieza a disminuir esa motivación y a comportarse de forma diferente. Todo esto suele ocurrir porque no hay políticas, principios o puntos de partida para mantener la motivación y el rendimiento de los aliados de la institución.

Después de haber observado con detalle las categorías de liderazgo seguramente usted desea que en su institución prevalezca en las personas la categoría número cuatro, *Excelencia*. Y para poder mantenerse en dicha categoría hay que desarrollar la *Cultura de liderazgo* a través de los puntos de partida.

Se llaman puntos de partida porque es estrictamente lo que son, puntos para iniciar, pero no son una camisa de fuerza y están abiertos a cambiarlos y seguir creciendo;

es decir, los nombrados aquí no son los únicos. De hecho, usted va a poder nombrar uno o más puntos de partida al final del capítulo, quizás desde su experiencia o por algunos libros o investigaciones que ha realizado.

Lo cierto es que todo lo que pueda sumar para crear la cultura de liderazgo debe ser utilizado para seguir mejorando el ambiente y a las personas.

Si las conductas de las personas son complejas y cambiantes y al mismo tiempo, por nuestra condición de humanos tendemos a cometer errores, entonces la intención es procurar permanecer en lo posible en la categoría *Excelencia*, no importando si algunas veces se cae en errores y conductas no deseadas. Sabiendo que en ocasiones podemos estar manifestando conductas de las otras categorías, pero eso no debe ser motivo de alarma sino un indicador para tomar medidas asertivas.

Antes de charlar con usted acerca de los puntos de partida de cómo desarrollar la cultura de liderazgo, quiero que conversemos sobre algo que le hará comprender mejor por qué poner en prácticas tales principios. Y no es más que el tema de la *memética.*

Ideas que se multiplican

La Memética estudia a las ideas y las creencias como unidades vivas, dando por sentado que tienen la capacidad de transmitirse de la mente de una persona a la mente de otra como si fuesen virus. En este caso a las ideas se les llama *meme*. La memética lo que desea explicar es que una idea es uno de los virus más poderosos que pueden existir y que puede propagarse infectando otras mentes. Una idea es una herramienta muy poderosa que al arraigarse en nuestra mente será bastante difícil de sacar y, por el contrario, puede difundirse a otras mentes muy fácilmente. En pocas palabras, no tenemos ideas, las ideas nos tienen, no tenemos opiniones sino que las opiniones nos tienen a nosotros.

> «Detrás de esta máscara hay más que carne,
> detrás de esta máscara hay ideas.
> Y las ideas son a prueba de balas».
>
> V de Venganza

¿No cree usted en el poder de las ideas (*memes*)? Trate de cambiar de religión o de equipo deportivo favorito y verá lo difícil que será esta tarea. Y pregúntese: ¿Quién le dijo que esa era la religión verdadera y quién le dijo que ese era el mejor equipo deportivo? No hubo necesidad, la idea se propagó y se ancló en su mente. En muchos casos son nuestros padres los que difunden esos *memes,* otras veces alguien significativo, un profesor quizás, pero no siempre; sencillamente, el virus podría estar por allí y le capturó.

La memética es entonces una poderosa metáfora excelentemente planteada para comprender mejor nuestra cultura y cómo se propagan las ideas, así como también darle otra razón de veracidad a la naturaleza imitadora del ser humano. Si no fuese cierto esto de la imitación, entonces no existieran la moda y muchísimos otros aspectos cotidianos donde se evidencia la imitación.

Una de las estrategias empresariales más importantes de la actualidad se llama *Benchmarking,* que consiste en inicialmente imitar los métodos de funcionamiento de otras empresas.

Usted también observará cómo alguien inventa una frase y verá cómo muchas personas empiezan a imitar inmediatamente dicha frase. Lo más gracioso es que la persona que utiliza la frase se cree un experto, pero quien se ha beneficiado más de la situación es el *meme* que ha tomado esa mente como un núcleo de propagación.

Se llama memética para asemejarla a la genética. Los genes se transmiten a través del ADN y los *memes* a través de las ideas (*memes*).

Memética = *memes* y Genética = genes.

Un *meme* puede ser cualquier cosa: puede ser una idea, una información, un refrán, una teoría, un comportamiento, una música, un fundamento religioso, un hallazgo de la ciencia, una instrucción, un símbolo, un eslogan político; y varios *memes* conforman una cultura.

Los gobiernos, las empresas, las instituciones religiosas, los partidos políticos, en general, las organizaciones invierten millones con la intención de propagar sus *memes*. Y en el caso que nos concierne, los líderes hacen lo que sea para que sus seguidores puedan «contagiarse» de sus *memes*.

La memética tiene un planteamiento mucho más amplio y estructurado, pero lo que quiero explicar aquí es lo poderoso de las ideas y lo rápido que se propagan.

Ideas que se multiplican dentro del entorno laboral considero que debe ser un tema que llame la atención profundamente de un líder, puesto que debe buscar la manera de que sean *memes* positivos y productivos los que ocupen el máximo lugar.

Para el caso de este conglomerado de *memes,* es decir de este libro, lo que queremos es que empecemos a crear los *memes,* las creencias y las ideas que nos permitirán producir y ser mejores cada día y dejar de lado las que no son nada beneficiosas para las personas y para la organización. Porque algo muy importante que debe usted saber es que las ideas (*memes),* cuando se propagan, no importa si son buenas o malas, sencillamente se propagan y listo.

Por esa razón es que hay que tener claros los puntos de partida y aplicarlos para desarrollar la cultura de éxito, en vista de que éstos se empezarán a propagar paulatinamente en las mentes de las personas que laboran en una institución.

Para ello necesita sutileza estratégica. A la fuerza es muy difícil insertar una idea en la mente de una persona.

Si hay algo que debe saber ejecutar el líder es insertar ideas positivas, productivas, creencias que no limiten a sus aliados; por el contrario, que les permitan evolucionar a la vez que evolucione la organización.

Algunos líderes dirán que esto que estoy planteando es una utopía, pero muchas empresas de la actualidad lo han comprendido y ya es una realidad para éstas. Tal es el caso de la empresa Google, que ha roto todos los paradigmas de una empresa tradicional.

Ya hemos visto a demasiadas personas diciendo que algo «es imposible de lograr», y casi inmediatamente alguien les interrumpe la oración logrando lo que se creía imposible.

Si hay ideas que se van a propagar en el ambiente laboral, que sean ideas de producción.

Hay una forma de hacer que los *memes* que se propaguen sean ideas positivas, *memes* productivos y no negativos o limitantes en una cultura y es vacunándose a través de la reflexión profunda, el diálogo, la buena y eficaz comunicación, creatividad, buenas relaciones, aprendizaje, flexibilidad mental, metas, superación, buena compañía, buenas acciones, buenos libros, excelente capacitación y formación permanente y quizás otros que usted coloque aquí. _____

_____

Pero la vacuna más importante contra el virus de las ideas son el autocuestionamiento y las autopreguntas.

Cuando dé por cierto algo, cuando dé por sentado alguna idea u opinión, deténgase a pensar qué pasaría si fuera falso todo lo que había pensado.

Lo mismo puede hacer en el ambiente laboral: ¿Qué pasaría si hiciéramos ese trabajo de forma diferente? ¿Si consulto a la persona de la que menos espero la mejor respuesta?

Es a partir de allí que nacen el cambio, la creatividad y la evolución.

Y todo lo anterior sólo se logra creando una cultura, la *Cultura de liderazgo*.

Puede haber millones de razones por la cuales usted debería empezar a desarrollar *los puntos de partida de la cultura de liderazgo* en su organización, pero en mi criterio ésta es la más poderosa: Saber que los *memes* se difunden y que es altamente necesario que estos *memes* sean productivos, beneficiosos para todos. Pero a lo mejor usted pensará que esta idea es un *meme* que se ha apoderado de mi mente, para hacerle creer que es la mejor justificación para aplicar los puntos de partida. Entonces es donde le pregunto: ¿usted tiene otras opciones que quiera justificar para desarrollar los puntos de partida? Estoy seguro que también son de igual importancia.

COMENTARIOS DEL LECTOR

Muy interesante el tema de la memética, Ángel Gámez hace referencia de manera magistral en su libro Cultura de liderazgo a este apasionante tema. La idea en el ser humano es algo tan profundo que Albert Einstein lo decía en muy pocas pero sabias palabras: «Es más fácil desintegrar un átomo, que derribar una idea o paradigma».

Este es un libro que todo aquel que sea o quiera ser líder en alguna empresa, institución o grupo debe leer. Por nuestra condición de seres humanos tendemos a fallar en los niveles de liderazgo, eso es normal, pero una de las cosas que nunca debe dejar de hacer un buen líder es LEER. No todo ávido lector es un líder, pero todo líder es por excelencia un lector empedernido. Es por ello que recomiendo ampliamente esta lectura en donde el escritor revela los principios básicos del liderazgo.

La excelencia en el área o entorno en donde se desarrolla el líder es un punto vital para el óptimo funcionamiento de cualquier grupo o entidad. Es por ello que el tema de liderazgo parece un tema sencillo, pero nada más lejos de la realidad. Aprovechemos pues este excelente libro que nos guía de manera muy fresca y sencilla por ese camino que muchos quieren conocer pero pocos se atreven. Gracias a mi amigo Ángel Gámez por permitirme ser partícipe de este excelente libro.

JIMMY LÓPEZ COACH
Conferencista, músico, compositor y cantante
jimmy1235@hotmail.com

Lenguaje y comunicación

Todo lo que se refiere a la conducta humana y a su interrelación con los demás está enmarcado en el lenguaje y la comunicación. Por lo tanto, para crear la *Cultura de liderazgo* es altamente necesario manejar al pie de la letra técnicas, actitudes y procedimientos en materia de comunicación.

Hay un libro que se llama *La Comunicación de los líderes y sus 12 secretos* que fue escrito por nosotros donde desarrollamos amenamente muchas de esas técnicas, actitudes y procedimientos de manera sencilla, por esa razón no nos vamos a detener a explicar dichos procesos y más bien le vamos a invitar a que revise ese material en lo posible. Parte del libro se consigue en www.iuliderazgo.com o puede ir y leerlo en las librerías más importantes de Venezuela, o su versión digital para Kindle http://goo.gl/ImjPm; debemos mencionar también que en cierto modo estos libros se complementan.

Ahora bien, hay que tener claro que los puntos de partida para crear la *cultura de liderazgo*, las categorías de liderazgo, y en general todo sobre lo que estamos conversando, son formas de utilizar un lenguaje y transformarlo en un método para comunicarnos mejor.

Lo cierto es que usted lo que debe saber es que donde quiera que haya humanos tendrá que haber lenguaje y comunicación. Y por ello, sabiendo que somos humanos y que cometemos errores, es natural que existan problemas de comunicación.

En todas las empresas, instituciones y organizaciones existen problemas de comunicación y es algo que el líder o la líder deben comprender. Y su trabajo es hacer que esa comunicación fluya de mejor manera. Es como un plomero que le hace mantenimiento a las tuberías de agua. Las tuberías no son eternas, hay que hacerles mantenimiento constantemente y el trabajo del plomero es que el agua fluya libremente. Lo mismo ocurre con el líder, debe hacer que la comunicación y las buenas relaciones entre las personas fluyan libremente y de manera eficiente.

El problema no es que existan esos problemas de comunicación, el problema se presenta cuando no sabemos abordarlos y nos dejamos llevar por las emociones negativas y de manera inadecuada, pasando el líder a ser parte del problema y no de la solución.

Lo más importante es saber aplicar la asertividad, reconociendo que tenemos diversas formas de ver las situaciones, diversos puntos de vista y que posiblemente desde nuestra experiencia veremos las cosas de una forma y la otra persona las verá de otra.

Por eso, comprender a las personas se vuelve fundamental dentro de la cultura.

El líder dentro de las organizaciones tiene una sola tarea segura desde que ingresa a la institución y que es lo que le mantiene trabajando, es la razón de ser para que ese líder esté allí y también es la razón de ser de la organización y esta tarea no es más que *resolver problemas.*

Y los problemas en general, por no decir que siempre, son problemas de lenguaje y comunicación que posteriormente se transforman en problemas culturales, donde la solución siempre está en el mismo lenguaje.

Lo más importante es conocer al máximo y comprender las diferentes formas de procesar la información de cada persona y de esta forma comunicarse con dicha persona, de manera que el mensaje pueda ser captado completamente y que al mismo tiempo este funcione como un mecanismo de motivación.

Vamos a dar un vistazo a algunos elementos de la comunicación, y sobre todo a la forma cómo las personas procesan la información en su cerebro, lo cual consideré muy importante incorporar en este libro y que puede hacer que usted mejore el ambiente comunicativo dentro de cualquier organización.

Metaprogramas

Los metaprogamas hacen alusión a la forma como cada persona procesa la información. A veces porque lo ha adquirido en la crianza por su familia, porque lo obtuvo modelando a otras personas o por su condición genética.

Los metaprogramas se refieren a una serie de descubrimientos logrados por la programación neurolingüística y que ahora están al alcance de todos para la utilización en varios campos de las ciencias, y en especial en el campo de la comunicación. Los resultados de estos descubrimientos han sido asombrosos y la utilidad es impresionante; con un poco de práctica usted podrá darse cuenta de lo fácil que es aprender y utilizar todos los metaprogramas planteados en las próximas páginas.

La forma en que las personas utilicen estos metaprogramas para procesar la información en su cerebro va a variar de acuerdo con el ambiente, las actividades que realicen y su herencia genética. Los metaprogramas no son absolutos y muchas veces pueden ir variando, es decir, la persona puede cambiar de preferencia en algún momento, usted también puede cambiar de preferencia.

En la medida en que avance en la lectura posiblemente se sentirá identificado con algún metaprograma, así se conocerá más a usted mismo y podrá conocer más a los demás.

Conocerse usted mismo en cuanto a la utilización del cerebro es trascendental para poder avanzar en el ámbito comunicativo; después de todo, los cambios para comunicarse mejor deben empezar en usted.

A continuación se presentan algunos metaprogramas para que los conozca y saque provecho de cada uno.

Evitando sufrimiento *vs.* búsqueda de placer

En la vida las personas se manejan de dos formas: buscando el placer o evitando el sufrimiento; entonces escuchará usted a personas diciendo por ejemplo: «Me hace falta trabajar para matar el aburrimiento». Estas personas *evitan* el sufrimiento de estar solas y aburridas. Mientras que una persona que busca el placer diría algo así como: «Quiero empezar a trabajar para divertirme y estar con mis amigos».

El mismo acto de querer empezar a trabajar es motivado por distintas formas de pensar, de procesar la información. Este metaprograma es muy efectivo y usted lo puede utilizar planteándolo de acuerdo con el metaprograma que haya detectado en la conversación.

Por ejemplo, si quiere plantearle un negocio o un trabajo a alguien que *evite el sufrimiento*, le diría: «Vamos a iniciar este proyecto para tener menos trabajo que hacer en navidad. O para evitar que el jefe nos llame la atención». Este mismo planteamiento, si la persona utiliza el metaprograma «Búsqueda de placer», se expresará así: «Vamos a iniciar este trabajo y así podremos salir más temprano para descansar. O para tener un excelente reconocimiento». Note que es la misma información del trabajo pero viéndolo desde enfoques diversos.

La diferencia es que a los que evitan el sufrimiento hay que decirles lo que van a evitar al ejecutar tal o cual evento, y a los que buscan placer se les dicen los beneficios que van a tener al ejecutar el mismo evento. Literalmente, poner el énfasis en lo que se puede *evitar* o lo que se puede *obtener* como beneficio marcará la diferencia.

De esta manera estará usted con ventaja para manifestar sus ideas de una forma que será mejor comprendida por su interlocutor o aliado y así las posibilidades de aumentar su influencia en los demás aumentarán.

Responda mentalmente o por escrito: ¿Qué relación existe entre las figuras?

Escoja cinco respuestas que considere de las siguientes 10 opciones:

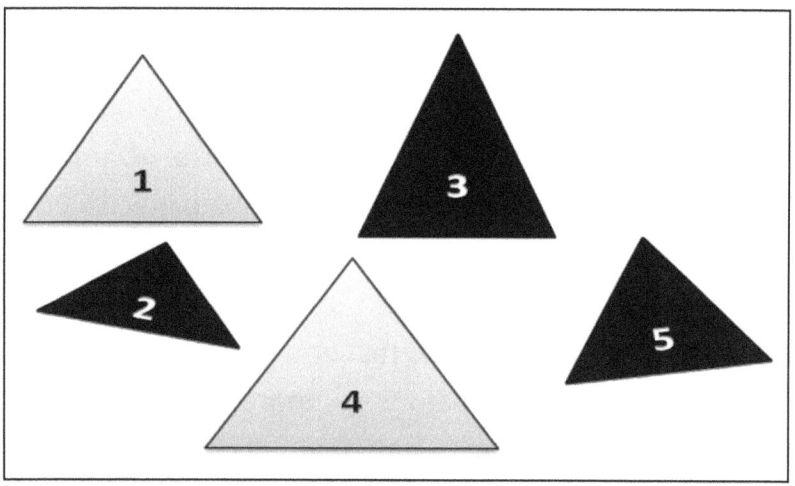

Figura 1

1. Todas son triángulos
2. Tienen diferentes tamaños
3. Todas tienen tres puntas
4. Son de diferentes colores
5. Todas tienen tres lados

6. Están en diferentes posiciones

7. Todas apuntan hacia arriba

8. Son diferentes tipos de triángulos

9. Todas son figuras geométricas

10. Tienen diferentes números.

Si usted escogió más opciones impares, entonces pudiera ser que prefiere el metaprograma igualador; pero si escogió más opciones pares, resulta que es más probable que usted se balancee en su preferencia hacia el metaprograma diferenciador.

Diferenciador *vs.* igualador

Para un *igualador* los cambios no son muy buenos; para un *diferenciador* hay que frenarlo para que no cambie lo que ya da buenos resultados. Un igualador va a querer que todo marche igual, son buenos para tareas previstas que sean metódicas y que sigan una serie de pasos.

Los diferenciadores por su parte son buenos para trabajos innovadores que necesiten ser cambiados constantemente, son ideales para trabajos que requieran de mucha creatividad. Imagine que usted es jefe de una empresa y tiene que decirle a Juan, que es un trabajador de esa empresa, que debe hacer un trabajo y Juan prefiere el metaprograma diferenciador. Usted le dice: Este trabajo es muy diferente a todos los que has hecho, sólo hay algunos detalles en donde se parece a los anteriores, pero es diferente (coloque énfasis en las diferencias). Si le toca decirle a Pedro, que prefiere el metaprograma igualador, sobre el mismo trabajo de Juan le diría: «Oye Pedro, hay que hacer un trabajo muy similar a lo que siempre hemos hecho; salvo unos detalles, todo es muy parecido» (haga el énfasis en la similitud).

Para detectar a una persona que lleva la vida por semejanzas o diferencias sólo hay que hacerle una pregunta de comparación. Por ejemplo: ¿Cómo compararías tu trabajo de hace cinco años con el de ahora? Si la respuesta hace énfasis en las diferencias, entonces podrá conocer que esa persona maneja el metaprograma diferenciador; de lo contrario si la respuesta encierra más aspectos donde se evidencia similitud, entonces estará en presencia de una persona que se maneja a través de semejanzas. El metaprograma es igualador.

Es elemental mencionar que ninguno de estos metaprogramas es mejor que otro, ya que todos tienen muchas ventajas y algunas desventajas, así que no hay metaprograma ideal, sólo el contexto donde se desenvuelva la persona marcará la pauta. Además, es prudente recordar que estos son sólo modelos que van a servir de guía para comunicarse eficazmente, porque las personas no utilizan absolutamente un metaprograma u otro, sino que tienen combinaciones muchas veces de los dos; es como decir que nada es totalmente negro o blanco. Los extremos no son una excelente opción en la interpretación de los metaprogramas en las personas, lo mejor es estar atento, porque en algún momento la persona tendrá una preferencia por un metaprograma o va a utilizar más uno de ellos y es allí donde entra la persona especialista y líder en comunicación, usted.

Proactivo *vs.* reactivo

La persona proactiva se lanza a la acción, no espera por otras, tiende a expresar verbos de acción y dice algo como esto: «¡Voy a hablar con el gerente ya!», se siente motivada por palabras como: «Adelante, hazlo, es hora de actuar». Para comprar algo, la persona proactiva va directo a comprar porque ya lo ha visto. Ahora, la persona reactiva espera a que otros inicien la acción para luego actuar. A veces tarda mucho en decidirse. Necesita analizar bien la situación. Utiliza verbos pasivos y frases temerosas, por ejemplo: ¿hay alguna posibilidad de ir a hablar con el gerente? Si le va a vender algo al reactivo éste no va a decidir rápido, primero va a querer pensar y ver qué piensan los demás, invítelo a que se tome su tiempo, puede decirle frases como «estudiémoslo» o «piénselo bien primero», es importante que se tome su tiempo, si quiere tener éxito.

Genérico *vs.* específico

En este planeta Tierra existen personas que ven el árbol pero por nada del mundo ven el bosque completo; y hay quienes ven el bosque completo pero no ven el árbol.

Las personas genéricas se sienten cómodas con grandes segmentos de información, hablan de manera general: «Luis se cayó», se les hace incómodo dar explicaciones con detalles, piensan de forma global, es posible que en trabajos donde se necesite secuencia de pasos se salten alguno.

La persona genérica elimina mucha información. Son buenos para resumir y para planear y desarrollar estrategias. Por su parte, la persona específica, en el ejemplo anterior «Luis se cayó» diría: «Luis tropezó en las escaleras de la entrada, en el pie izquierdo y se cayó». Les gusta dar detalles de la información, se sienten cómodos con trabajos donde exista una serie de pasos a seguir y secuencias lógicas. Son buenos para tareas secuenciales que requieran estar alertas en los detalles. Son capaces de hacer una cosa a la vez, es posible que tengan más posibilidad de hacer las cosas bien hechas.

Mientras que las personas que se balancean hacia lo genérico tienden a ejecutar varias tareas al mismo tiempo, por lo que es aconsejable que tengan cuidado, en vista de que atender varias cosas a la vez necesita de mucha habilidad para tener éxito en todas.

Los metaprogramas, como se dijo antes, no son absolutos, es posible que consiga una combinación en algunas personas, aunque es muy probable que la persona se balancee hacia un polo de cada metaprograma.

Directo *vs.* indirecto

Se montan en un ascensor cuatro hombres gordos y le dicen al ascensorista que por favor les marque el piso 19. En el siguiente piso se montan cuatro mujeres de contextura medianamente delgadas y con una excelente apariencia. También le indican al ascensorista que las lleve al piso 19. Cuando el ascensor se acerca al piso 19 hace un ruido fuerte y se mueve un poco pero sigue su trayecto; entonces el ascensorista les dice a todos que el ascensor hace ese ruido cuando está muy pesado. Cuando llegan al piso 19 todos salen del ascensor tranquilos y los hombres gordos sólo hablan de las cosas que van a hacer en el día. Pero las mujeres empiezan a preguntarse unas a otras: ¿estoy gorda?

Este fenómeno ocurre por la forma de comunicarse que existe entre hombres y mujeres, y hace referencia a los metaprogramas *directo e indirecto.*

La mujer tiende a comunicarse de manera indirecta y los hombres de manera directa. Por esta razón fue que las mujeres de la historia anterior en el ascensor pensaron que fue un mensaje para ellas el que el ascensor «estuviera pesado». Los hombres, a pesar de que eran gordos no detectaron el mensaje.

Si hay una mujer en un cuarto oscuro con un hombre ella pudiera decir «Esto está muy oscuro aquí», pero el mensaje pudiera ser que encienda la luz. Sin embargo, no lo manifiesta de manera directa. Un hombre diría de manera directa: «Enciendan la luz por favor».

Las mujeres, mayormente, a la hora de hacer el amor primero quieren que las cortejen, que haya todo un protocolo y que se solicite el acto de manera indirecta, con flores, comida, velada romántica, para luego llegar al acto sexual y amoroso. En cambio el hombre quiere ir directo al grano, llegar al acto sexual y amoroso sin mucho preámbulo.

Esta puede ser causa de mala comunicación entre las parejas. Por esa razón es conveniente que se observe con precaución cómo se comunica la persona con quien estamos hablando.

Tengo varios amigos y algunos prefieren comunicarse de manera directa y otros de manera indirecta. A veces recibo llamadas de un amigo y casi ni me saluda sino que me dice directo qué es lo que necesita.

Por otro lado, tengo una amiga que primero me saluda, me pregunta cómo me ha ido, cómo está cada miembro de mi familia, hasta que por último me dice lo que desea.

Hay una diferencia enorme en la forma de comunicarse de mis dos amigos.

Cuando quiero influir positivamente en cada uno de ellos utilizo el metaprograma de su preferencia. Si hablo con mi amigo voy directo al grano porque si no se aburre, en vista de que está acostumbrado a comunicarse de manera directa. Si hablo con mi amiga, entonces primero trato de hablar de otras cosas para luego ir acercándome al tema de manera indirecta, porque si lo hago de otra forma puede considerar que la estoy utilizando o que no me importan los demás aspectos de su vida.

Hay algo que quiero resaltar y es que en la actualidad hay mujeres y hombres que se comunican contrario a como lo he planteado anteriormente, es decir que hay mujeres que se comunican de manera directa y hombres que se comunican de manera indirecta. Dicho de otra forma, más que creer que podemos catalogar a mujeres y hombres, hay que saber que cualquier persona puede comunicarse, ya sea literalmente o metafóricamente. En pocas palabras, los ejemplos anteriores son sólo para ilustrar. La realidad es que hay de todo, hombres indirectos y directos, mujeres directas e indirectas. Lo más importante es que usted, que es el especialista en comunicación, mantenga su poder de observación al límite para que pueda identificar el metaprograma en donde se desenvuelve la persona.

Metas – objetivos

Imagine que usted va en un kayak en una competencia internacional. En el kayak van otras tres personas y éstas, junto a usted, son los mejores remadores del mundo ya comprobados. Y todos van remando con mucha velocidad, de la mejor manera posible, con excelente técnica y excelente fuerza, todo perfecto pero con un solo detalle: cada uno rema hacia un sitio diferente y en dirección opuesta a la meta.

De nada servirá toda la fuerza, toda la técnica y ser los mejores del mundo si no están coordinados ni tampoco van remando en la misma dirección.

Lo mismo ocurre dentro de las organizaciones: si no estamos coordinados y todos remando hacia el mismo objetivo, meta, misión, visión, entonces el fracaso estará asegurado.

A veces tenemos a los mejores trabajadores dentro de la institución, pero los resultados no son los esperados. Porque muchas veces no hay compromiso con las tareas, no hay trabajo en equipo para lograr los objetivos de la institución y sobre todo no hay metas claras ni acuerdos para todos estar encaminados hacia las mismas.

Incorporar a los aliados

Cuando nos ha tocado asesorar a compañías o instituciones gubernamentales, siempre nos dicen que uno de principales problemas que tienen dentro de la organización es el compromiso de los trabajadores para cumplir con la misión, los objetivos y las metas.

De parte nuestra, la recomendación es primeramente incorporarlos a que participen de alguna forma en la elaboración de las metas de la compañía.

Si la compañía es muy grande se pueden realizar metas por departamentos o por sectores. Pero que el trabajador o aliado –como me gusta llamarle–, se sienta incorporado, para que de esta manera crezca el compromiso.

Es muy difícil que alguien se comprometa con algo que no sienta, que no haya elaborado o participado de alguna forma. La única forma es sintiendo que es parte de ella y eso se logra permitiendo que las metas de la organización se compartan con la de las personas que la integran y viceversa.

Es decir, que la organización ayude a cumplir las metas de las personas que la integran y que las personas ayuden a la organización a cumplir sus metas y razón de ser. Es recíproco y bidireccional.

Recuerdo que una vez, conversando con unos colegas que eran pequeños empresarios, en una reunión de negocios me preguntaron qué podían hacer ellos para que sus trabajadores se comprometieran mucho más con la compañía, ya que éstos tenían buenos sueldos y buena atención por parte de la empresa, pero aun así no tenían el rendimiento esperado. Recuerdo claramente que les dije que los incorporaran en la planificación de la empresa, en la elaboración de los objetivos. Y uno de ellos me respondió que no podía hacerlo porque le podían robar las ideas, montar su propia empresa y convertirse en su competencia. Entonces le dije. Es un riesgo que tienes que correr. Sin confianza no habrá producción.

Además de que actualmente hay muchas facilidades e información para formar una empresa, lo difícil es la fortaleza mental que se necesita para mantener la misma.

Por otro lado, la peor de las creencias que puede poseer un humano es la que dice que en el mundo hay poco y que no todos podemos surgir, que el mundo es escaso y hay que agarrar rápidamente porque si no se agarra, otro agarrará primero y quedaré sin recursos.

Volviendo al tema del trabajador que no está involucrado en las metas de la compañía, nadie va a hacer nada sin saber un porqué, una razón, no se trata sólo de hacer el trabajo y volver a nuestras casas sin que haya algo más. Somos seres humanos, no robots. El sueño de algunos empresarios que quieren enriquecerse sin tener problemas, y de algunos gerentes, es que sus trabajadores sean como robots. Que trabajen y se vayan a sus casas sin preguntar, sin interesarse y sin saber detalles, pero lamentablemente nuestra condición humana nos pauta que deba existir algo más que sólo trabajo.

Mantener las metas visibles

Hay una serie televisiva denominada *Cazadores de mitos*, muy popular por los experimentos que estos científicos ejecutan con la intención de verificar cuándo algo de lo que las personas están convencidas que es verdadero, en realidad es un mito.

Lo que ocurre es que buscan realizar los experimentos para descubrir si la creencia es real o sólo un mito.

Lo cierto es que en uno de sus programas estos «cazadores de mitos» hicieron un experimento para verificar si podían caminar con los ojos cerrados en línea recta. Recuerdo que lo hicieron caminando, nadando y con diferentes tipos de vehículos, bicicletas, automóviles y hasta en lancha. También experimentaron con diferentes personas. La conclusión fue radical: *Es imposible ir en línea recta con los ojos cerrados,* siempre hay que abrir los ojos para hacer *pequeñas correcciones* a los errores de dirección y mantener el objetivo.

Muchas veces en las instituciones ocurre lo mismo, por no hacer esas «pequeñas correcciones» se pierde el rumbo hacia los objetivos institucionales.

Para ello recomiendo que después de elaborar los objetivos, tanto personales como colectivos, en la organización, puedan colocarse en un lugar visible donde todos puedan verlos todos los días. Esto traerá un cambio muy importante en la organización porque permitirá que nunca se pierda el rumbo, y a pesar de que en algún momento se tomen decisiones que tiendan a alejarse del camino hacia los objetivos, pueda retomarse haciendo esas «pequeñas correcciones» ya que siempre tendrán el rumbo a la vista, manteniendo a las personas prácticamente con los ojos abiertos.

Existen entonces dos tipos de objetivos en la institución: los personales y los colectivos propios de la organización. Los dos son de mucha importancia y los dos se pueden ir cumpliendo, sólo hay que conseguir el grado de equilibrio para que éstos se complementen.

¿Alguna vez ha anotado las metas que desea lograr en su trabajo? A muchas personas que les hago esta pregunta me dicen que están demasiado ocupadas como para anotar sus metas.

Si la persona está ocupada para anotar sus metas laborales, si la institución está muy ocupada concentrada en las labores y no tiene tiempo para reunirse y definir sus metas, objetivos, misión, visión, entre otras tareas importantes, entonces alguien más lo hará y quizás de una manera que no le convenga a la institución o a la persona.

Una persona sin meta, una organización sin objetivos claros es un barco sin rumbo que puede parar en cualquier parte… y el destino más probable es el fondo del mar. Y los objetivos de los tripulantes, como el de la embarcación, deben estar alineados, si no todo será un caos.

¿Cómo lograrlo? A través del diálogo, de la negociación, de la influencia positiva. Muchas veces hemos conversado con líderes empresariales y nunca les han preguntado a sus aliados hasta dónde quieren llegar en la compañía. A veces una sola pregunta bien ejecutada puede cambiar el rumbo de toda una vida.

Es el momento de enrumbarnos hacia la cultura de éxito.

- **Incorpore a los aliados en la elaboración de las metas.**

- **Anote sus metas y manténgalas visibles en todo momento.**

- **Negocie y converse continuamente sobre las metas individuales y colectivas en el ambiente laboral.**

Reforzar la conducta

El refuerzo de la conducta es algo muy básico y sencillo, vivido a diario por todas las personas, y no es más que lo que nos estimula a repetir una conducta. El refuerzo en sí es un concepto sicológico bastante complejo, por lo tanto cuando me esté refiriendo al refuerzo o refuerzo positivo en este libro estaré hablando específicamente de un premio, una ganancia, un trofeo, un elogio, algo que le gusta a la persona que es reforzada y le permite repetir la conducta.

Usted trabaja, recibe dinero y eso le permite repetir la conducta de seguir trabajando; si no recibe dinero no trabaja. En el caso de que el dinero sea el reforzador de esa conducta.

Por otro lado, usted trabaja, recibe el elogio de sus compañeros, sus clientes y de su jefe y eso le permite repetir la conducta de seguir trabajando; si no recibe los elogios no trabaja. En el caso de que el elogio sea el reforzador de esa conducta. Estos dos ejemplos tienen que ver con el refuerzo positivo, donde repetimos una conducta porque al ejecutarla recibimos algo que nos gusta.

Para efectos del refuerzo negativo, utilizando el mismo ejemplo, usted trabaja porque quiere evitar que le despidan o le amonesten. Es decir, que realiza una conducta para evitar algo que le incomoda o no le gusta y esto sirve como reforzador.

Algunas personas ven este concepto como algo negativo o falto de ética, pero a diario utilizamos la asociación para aprender. A mí me gustaría que me reforzaran, recibir elogios de alguna forma por mi trabajo o saber si lo que estoy haciendo va bien o no. No le veo a esto nada de maligno. Tampoco veo como algo negativo el que una persona sepa los efectos de reforzar a alguien y saber que la conducta tiene más posibilidad de repetirse si se hace un buen trabajo con el refuerzo, puesto que es altamente compleja y diversa la conducta humana y por lo tanto no siempre será algo obvio, automatizado o mecánico esto de reforzar las conductas, tomando muy en cuenta que la persona a quien se refuerza es un ser pensante e inteligente que toma sus propias decisiones.

También, algunas personas se han dado a la tarea de malinterpretar los conceptos manejados por esta teoría.

Como educador trabajo en una universidad y al mismo tiempo tengo algo de experiencia por haber trabajado varios años en la escuela básica. Mi proyecto de investigación en el pregrado tenía que ver con este tema del refuerzo de las conductas y el conductismo, y tuve que hacer varias lecturas al respecto que me llenaron de información valiosa sobre este contenido, aparte de la que conseguí haciendo el experimento de la investigación llamado «Economía de fichas».

Y en todo este contexto he escuchado con profunda preocupación a personas haciendo afirmaciones negativas sobre la corriente psicológica conocida como el conductismo.

Incluso cuando existe un castigo de parte de un docente a un estudiante, se le tilda de «conductista». (¿Por qué hablamos de esto en un libro de liderazgo? ¡Ya lo vamos a averiguar!)

Lo que no saben algunos es que si bien el castigo representa parte de la teoría conductual, no es la totalidad de la misma pues existen muchos más aspectos que desarrollan esta teoría.

Si Burrhus Frederic Skinner, John Watson o Iván Pavlov estuvieran vivos, estarían muy tristes con esta interpretación errónea que se le hace a la corriente psicológica fundada en cierta forma por estos investigadores.

Incluso, el hecho de que estos personajes hayan mencionado al castigo como parte de esta teoría no quiere decir que estuvieran de acuerdo con la utilización del mismo de manera indiscriminada o como punto central del descubrimiento teórico.

He tenido la oportunidad de leer algunos escritos importantes de Skinner y siempre hace énfasis en la aplicación del refuerzo positivo por encima del castigo. En una proporción de 80/20 a favor del refuerzo positivo.

Observemos bien a los niños y también a los adultos; una forma eficaz de aprendizaje es a través de la asociación. Asociamos las cosas que dan los resultados esperados y las seguimos aplicando, dejamos de hacer cosas que no producen los resultados esperados y esto es parte de la corriente conductual, aprender por asociación y recibiendo refuerzos.

De lo que sí estuvieran orgullosos estos teóricos es de ver cómo se implementan sus ideas con gran éxito en las redes sociales más importantes de la actualidad.

Por ejemplo, hay algo que es lo que me atrevo a decir le ha dado la fama que hoy tiene Facebook.

Hay un pequeño invento que se remota a los primeros experimentos realizados por los teóricos conductistas algo tan sencillo que parece obvio y a la vez es lo que a mi juicio le ha dado tanto éxito al Facebook, y no es más que el botoncito de «Me gusta».

Fíjese usted en lo poderoso del refuerzo positivo manifestado en el botón «Me gusta» de Facebook. Que también lo conseguimos en la red social Instagran, haciéndole doble clic a las fotos. En el caso del Twitter se manifiesta en el botón de «Retwitter» y en la estrellita «Favorito».

Colocas una foto o un comentario y alguien hace clic a «Me gusta» y eso es un reforzador que conseguirá que se repita la conducta de publicar.

Lo cierto es que en ninguna de estas redes sociales aparece algún botón de «No me gusta» o algo por el estilo. Si hay algo que no te gusta, lo denuncias como *spam* y solo lo sabrá la gente que administra la red, y si alguien hace un mal comentario de alguna foto u opinión, es fácilmente eliminable y sólo se entera quien lo eliminó. Incluso, no llega un mensaje a la persona cuyo comentario fue eliminado en la mayoría de los casos.

La utilización del refuerzo positivo en este ámbito está muy bien estructurada y planeada por las personas que producen las redes sociales.

Imagine que no existiera el botón de «Me gusta» ni para hacer comentarios. Es decir, las personas publican y no reciben *feed back*. ¿Tendría el mismo efecto la red social? ¿Utilizarían las personas esta red social con la misma intensidad?

Lo que deberíamos hacer en las organizaciones es convertir ese espacio en algo parecido a una red social, al menos en cuanto a refuerzos positivos.

El control aversivo

Hay líderes que sólo utilizan como mecanismo de motivación el control aversivo y el castigo.

Esta es una práctica precaria, primitiva y anticuada que en cierto modo funciona para algunas personas. Debo admitir que *sí* funciona. Pero no es lo recomendable, sobre todo si queremos mejorar el aprendizaje, la autonomía y la inteligencia de nuestros aliados.

El control adverso, también conocido como castigo, amenaza o refuerzo negativo, desde mi punto de vista es practicado por los líderes que no se esfuerzan en buscar *soluciones creativas*, tampoco tienen desarrollado un excelente *poder de convencimiento* y mucho menos *habilidades comunicativas*. Estas tres últimas características son propias de los líderes asertivos. Se puede decir que los líderes que recurren a este tipo de estímulo no cuentan con recursos emocionales adecuados para afrontar este tipo de situaciones.

> «Gran parte de la comunicación actual utiliza
> el miedo o la avaricia para que las personas hagan algo.
> Nuestros espíritus mueren cuando los motivadores
> principales son el miedo y la avaricia».
>
> «Las palabras son herramientas poderosas.
> Si deseas ser un líder, necesitas ser amo de las palabras».
>
> **Robert Kiyosaki**

Existen múltiples formas de ayudar a que una persona se motive y cumpla con las tareas. Estoy seguro que si pensamos en este tema a diario nos daremos cuenta de que utilizar el control aversivo no es una opción si deseamos crear la *Cultura de liderazgo*.

Más bien debemos observar la mejor forma de reforzar a las personas que se encuentran alrededor de nosotros, y no solamente a través de controles adversos.

Como seres sociales tenemos la necesidad de que se reconozca lo que hacemos, reconocimiento moral, social, afectivo, que se comprendan nuestras peticiones, que escuchen lo que decimos, que se tome en cuenta nuestra opinión, aunque sea que se rían de nuestros chistes.

He visto con tristeza cómo hay directores, gerentes, dueños de compañías que miran al trabajador, o como me gusta llamarlo «el aliado» que le está pidiendo a gritos que lo refuercen y no son capaces de abrir los ojos y darse cuenta que solo con una palmadita en la espalda o una pequeña frase como «buen trabajo» pueden resolver situaciones problemáticas de exageradas proporciones.

Por ello recomiendo reforzar la conducta a través de elogios, comentarios, obsequios, detalles, entre otros.

Sin embargo hay que tener ojo de águila a la hora de reforzar, puesto que las personas reaccionan de manera diferente a los estímulos y por ende necesitan diferentes tipos de refuerzos.

Hay personas a las que les gusta recibir el refuerzo personalmente, quizás a través de unas palabras; les gusta escucharlo, que los llamen aparte, puede ser en una reunión privada en la oficina u otro ambiente específico, en soledad.

Hay otras personas que necesitan el refuerzo en público pues no sería significativo si no hay nadie a su alrededor. Para estas personas, recibir el elogio delante de todos significa algo importante.

Siempre recuerdo unas palabras de mi mamá Nony que decía: «Al que tiene hambre hay que darle de comer».

GO

Si la persona está pidiendo el refuerzo porque «tiene hambre» del mismo y de manera indirecta lo solicita para que éste sea aplicado delante de la gente, entonces dele «de comer» y refuércelo en público, tomando en cuenta que de esta forma la persona funcionará mejor.

En este trayecto nos conseguiremos con personas que muchas veces lo que requieren como reforzador es la medicina del abrazo. Más que oírlos o que se lo digan requieren de un «toque mágico» tan sencillo pero tan poderoso como sentir los brazos de alguien.

Quizás existan algunos que solo necesitan un buen apretón de manos, que no necesariamente tiene que ser fuerte sino más bien efectivo. Quizás no les gustaría un abrazo, pero la mano puede jugar un papel fundamental, haciéndole la suplencia al abrazo en ese «toque mágico».

Nos vamos a dar cuenta de que algunos querrán un beso, que con mucho cuidado y respeto podremos regalarles como líderes.

Como también existen personas que necesitan un obsequio, algo palpable o algo que se vea, no tanto que se sienta o que se escuche, sino más bien que se vea. Quizás un certificado, un pequeño regalo como una agenda, un bolígrafo. Nótese que no necesariamente es dinero.

Una vez, una compañera de trabajo fue reforzada en público por el jefe con unas excelentes palabras y un apretón de manos muy emotivo. Cuando estábamos a solas me dijo sarcásticamente: «Gran cosa la que me gané hoy, unas palabras y un apretón de manos, lo voy a colgar en la pared de mi oficina».

Por eso es que debemos establecer la diferencia y tener excelente percepción de lo que refuerza a una persona dentro de la organización.

COMENTARIOS DEL LECTOR

Reforzar la conducta es algo que se puede hacer desde la manipulación, apelando al experimento de Pavlov (condicionamiento humano usando castigos y recompensas), o desde el corazón, desde el amor, partiendo de la puesta en práctica de la Regla de Oro «trata a tu semejante como quieres que te traten a ti y evita hacerle a otro lo que no quieres que te hagan a ti».

Mas lo que mi gran amigo Ángel Gámez quiere enfatizar es que no necesariamente lo que le satisface a usted le va a satisfacer a su prójimo, por lo que todo líder debe ser sensible a las inquietudes y necesidades intangibles, tangibles y financieras de las personas a las que quiere estimular (familiares, amigos, compañeros de estudio, compañeros de trabajo, socios, colegas, vecinos, conocidos... sociedad histórica en general...) para que de verdad pueda reforzar una conducta con el alimento que puede calmar el hambre de su colaborador, equipo, socio, pareja, etcétera.

La conducta positiva la vamos a reforzar dándole a la gente el estímulo que de verdad le satisface. Un entrenador de Fútbol americano llevó a su equipo al primer lugar sólo haciendo énfasis en los movimientos adecuados. En Venezuela, la gente que ocupa el Poder se ha hecho experta en hacer sentir mal a la gente cuando no le gusta nada y obvia las buenas conductas, se comportan más como jefes que como líderes.

Una cultura de liderazgo requiere del refuerzo positivo sabio, espero que ustedes sepan hacerlo, así serán dignos de llamarse Líderes del siglo XXI.

JAIME ROSALES
Productor de radio, locutor, internacionalista y politólogo
Emprender-Insistir & Vencer

Trabajo en equipo

Hemos conversado infinidad de veces sobre este tema, en múltiples escenarios y la cantidad de información que existe al respecto es abrumadora. Pero esta vez solo quiero contarle mi experiencia deportiva. Tuve la oportunidad de desarrollarme como persona dentro del ámbito deportivo. Representé a mi estado natal en competencias nacionales en las categorías menores en un deporte de equipo como el baloncesto, y luego, en mi estadía en la universidad fui capitán del equipo regional y nacional de dicha universidad y comprendí que para poder lograr los campeonatos y llegar a tener todo el éxito que tuvimos como equipo, durante mucho tiempo fue necesario apartar los egocentrismos y los pensamientos individuales, crear camaradería y empatía entre todos los involucrados en el equipo, tener un profundo respeto por las diferencias personales y las ideas y mantener la humildad y la unión en todo momento, pese a los inconvenientes que pudiera haber.

Debo mencionar que sí tuvimos problemas de índole social entre nosotros, pero lo más importante es que siempre conversábamos entre nosotros, para «limar asperezas», y sobre todo centrados en el objetivo colectivo, que iba siempre primero que cualquier logro individual.

Durante toda esta carrera deportiva que aún no finaliza pude ganar varios premios individuales como jugador más valioso, campeón encestador y campeón en cestas triples en varias ocasiones, pero debo informarle a usted que esos premios individuales quizás me traían alguna felicidad o satisfacción, pero nunca es comparable a ganar un campeonato. Hoy los cambiaría todos por lograr campeonatos, porque no hay nada más satisfactorio que una victoria colectiva, una victoria en equipo.

Para que una victoria en equipo pueda lograrse, los entrenadores deportivos agotan todos los recursos intelectuales, financieros, emocionales y materiales para lograr esa «química» o «factor X» que solo los equipos campeones pueden tener.

Ya se ha demostrado infinidad de veces que un equipo lleno de buenos jugadores, quizás los mejores jugadores, no tiene nada garantizado. En cambio un equipo unido, que funcione eficazmente quizás no con los mejores jugadores, puede lograr campeonatos y cumplir con todos los objetivos, aun cuando no cuente con los mejores recursos para ello.

**«Los mejores jugadores ganan juegos,
los mejores equipos ganan campeonatos».**

GO

El concepto de trabajo en equipo en una organización es sencillo: dividir preocupaciones y multiplicar realizaciones para restar problemas y sumar soluciones. Para ello es importante que comprenda que usted no puede hacer todo el trabajo solo y al mismo tiempo no puede dejar que todo el trabajo lo hagan las otras personas, recargándolos en cierta forma. Y un concepto interesante que se manifiesta en el trabajo en equipo es el de delegar.

Usted delega para poder realizar algo más importante y por eso permite a otros realizar las tareas que pudieran quitarle el tiempo para realizar otra tarea que puede ser de mayor responsabilidad.

Ahora bien, algo que tiene que tener presente es que cuando delegue, la persona a quien le delegue no va a realizar el trabajo tan bien como lo hace usted. Quizás al principio cometa algunos errores, luego irá mejorando un poco y al final seguramente le va a superar, realizando la labor mejor que usted. Es decir, es un proceso de aprendizaje. Por lo tanto delegar es permitir que la otra persona aprenda, para así tener usted la oportunidad de hacer algo que requiere de su total atención, algo quizás más importante.

Llenarse de mucha paciencia puede ser un método muy valioso, a sabiendas de lo expuesto en el párrafo anterior.

Dentro del trabajo en equipo es indispensable tener reglas y principios claros y que todos los integrantes del equipo sepan y estén en contacto constantemente con estas reglas y principios del trabajo en equipo.

Ahora viene la pregunta: ¿Cuáles son esas reglas y esos principios de trabajo que le van a permitir a su organización funcionar mejor?

No existen tales reglas ni tales principios. No existen, porque hay que hacerlos. Cada organización debe elaborar los suyos, adaptados a las necesidades del entorno, de las personas, de las situaciones particulares.

Sin embargo voy a mencionar algunos, de manera general, que pudieran servirle para iniciar.

- Es más importante ser sincero y objetivo que hablar muy bien. El trabajo en equipo no es un concurso de elocuencia. En todo caso hay que aprender a decir las cosas con asertividad, no importa lo que digas sino cómo lo digas.

- Es más importante actuar con el objetivo de preservar la armonía del grupo que con el objetivo de vencer en las discusiones.

- Su éxito y el de los demás son interdependientes.

- Es importante celebrar las victorias por pequeñas que sean. Para la moral del equipo de trabajo, la celebración es como el alimento para el cuerpo o la meditación para el alma. Es señal de vida.

- Considere como parte del trabajo en equipo la continua evaluación del mismo.

¿Qué otros principios o reglas de trabajo en equipo puede usted desarrollar considerando que puedan ser de utilidad en su entorno?_____

Hay un aspecto al que hay que dedicarle gran atención en vista de lo complejo y delicado dentro del concepto de trabajo en equipo. Y es al concepto de la *Competencia y Cooperación*.

Desde los tiempos más primitivos del ser humano hemos estado compitiendo y cooperando con otros seres humanos por el alimento, el hogar, por ideales entre otros aspectos. Hoy se compite por puestos de trabajo, por cariño, por dinero, en general por múltiples elementos y al mismo tiempo cooperamos para lograr estos objetivos por los cuales estamos compitiendo.

Muchas veces o mejor dicho la mayor parte de las veces competimos con personas con las que en cierto modo cooperamos.

Por ejemplo en los equipos de baloncesto a los que representé se presentaba de alguna forma la competencia y la cooperación.

En el baloncesto solo juegan de manera simultánea cinco jugadores, y otros siete esperan en la banca mientras esos cinco siguen jugando. Si va a entrar uno, tiene que salir uno y esto genera muchas veces competencia por el puesto.

Existe la competencia pero a través de un concepto amplio y bien planteado al que denomino particularmente como *"Sana Competencia"* donde se comprende que las oportunidades van llegando en la medida que hacemos bien hecho nuestro trabajo. Cuando podemos comprender que cooperando aprendemos a hacer mejor el trabajo y a nivel energético en general todo fluye de una mejor manera. Entonces nos daremos cuenta que la "Sana Competencia" que incluye también la cooperación nos va a traer grandes beneficios.

Dentro de una organización un líder debe promover la "Sana Competencia" que incluye cooperación, colaboración, entre los aliados independientemente de que el ascenso sea para uno solo. A cada quien le llegará su tiempo. Si usted quiere lograr el ascenso pasando por encima y atropellando a los demás, cuando llegue al objetivo tendrá en vez de aliados más bien a enemigos que le harán la "vida de cuadritos" y el resultado será infelicidad.

Por eso recomiendo que en una institución se practique el concepto de la "Sana Competencia" que se estimula practicando la asertividad, propiciando las buenas relaciones a través de un profundo sistema de comunicación entre los aliados y líderes de la organización creando en sí misma la Cultura de Liderazgo.

Las empresas, instituciones y organizaciones de hoy han comprendido que es mucho más lo que se puede lograr a nivel de producción y ventas si se practica la "Sana Competencia" que incluye la cooperación entre ellas. Por eso ahora más que nunca usted observará alianzas estratégicas entre las organizaciones.

EL GENIO DE LA ORATORIA

Inteligencia y aprendizaje

Después de haber conversado con usted un largo rato me viene a la mente que *se está acercando la hora* de dar en el punto con respecto a la inteligencia y el aprendizaje.

¿Qué es la inteligencia?

Tenemos miles de años utilizando la inteligencia y todavía no podemos dar con una definición concreta. Lo que nos lleva a pensar que la inteligencia es más de hacer que de saber. Más de utilidad que de concepto.

Si usted le pregunta a una persona si desea ser más inteligente posiblemente la respuesta será un rotundo sí. ¿Y usted qué piensa al respecto? ¿Desea ser más inteligente?

El proceso que se desarrolla dentro de una empresa u organización próspera y productiva amerita que las personas que laboran en ella desarrollen su inteligencia al máximo.

Sin embargo en las instituciones que son manejadas por líderes negativos, que no desean que las personas surjan ni que conozcan los procedimientos, pensando que si desarrollan su inteligencia pueden irse de la empresa y montar la suya propia, entonces desarrollar la inteligencia se convierte en un pecado.

Lo que ocurre con frecuencia es que este tipo de líderes negativos que se encuentran en algunas instituciones no pueden tolerar que existan personas más inteligentes que ellos. Y menos con un cargo de «menor rango», por lo tanto de manera consciente o inconsciente obstruyen el desarrollo de la inteligencia y el aprendizaje de los aliados.

Por esta razón, que ocurre a gran y pequeña escala a nivel mundial en muchas instituciones, grandes y pequeñas, privadas y públicas, es que se han creado algunos mitos sobre la inteligencia.

Pero lo que tiene que tener claro un verdadero líder asertivo es que para poder liderar una institución exitosa debe hacerlo, en la mayoría de los casos, liderando a personas más inteligentes que él en múltiples escenarios.

Tales mitos nos han alejado de la realidad y han bloqueado aspectos productivos sobre la inteligencia y su desarrollo. Por eso *se está acercando la hora* en que debelemos esos mitos que nos han bloqueado la vista por mucho tiempo.

Mitos sobre la inteligencia:
- Se desarrolla únicamente estudiando.
- Es hereditaria.
- Es un don especial.
- Mientras más alto el cargo más inteligencia.
- Es innata.
- Tiene un tope.
- Tiene un tiempo específico para su desarrollo.

Estos son algunos mitos que limitan en cierta forma nuestra capacidad para desarrollar la inteligencia. Quizás existan otros que puede usted anotar aquí o pensar en ellos unos minutos:

Y estos mitos se caen por sí solos porque hay personas que no han estudiado en la educación formal y son muy inteligentes; ejemplo de ello: Thomas Edison. No puede ser hereditaria la inteligencia, quizás sí la capacidad de ser inteligente, pero si no se desarrolla la persona no será inteligente. Tener la capacidad de ser inteligente no significa que exista inteligencia. Si no, los únicos inteligentes serían los hijos de personas inteligentes, sin oportunidad de desarrollo para los hijos de los padres que no lo fueron.

Por ejemplo, imaginemos que tenemos dos vasos, uno grande y uno pequeño. Los vasos son la capacidad y el desarrollo sería el agua que cada persona puede servir en ellos.

Una persona puede tener un vaso grande (capacidad de inteligencia) pero si lo llenamos con poca agua (desarrollo de la inteligencia), entonces tendría una gran capacidad pero poco desarrollo.

Por otro lado, alguien puede tener una capacidad más pequeña (vaso pequeño) pero (llenarlo al máximo de agua) mucho desarrollo de la inteligencia.

Es solo un ejemplo para procurar facilitar la explicación.

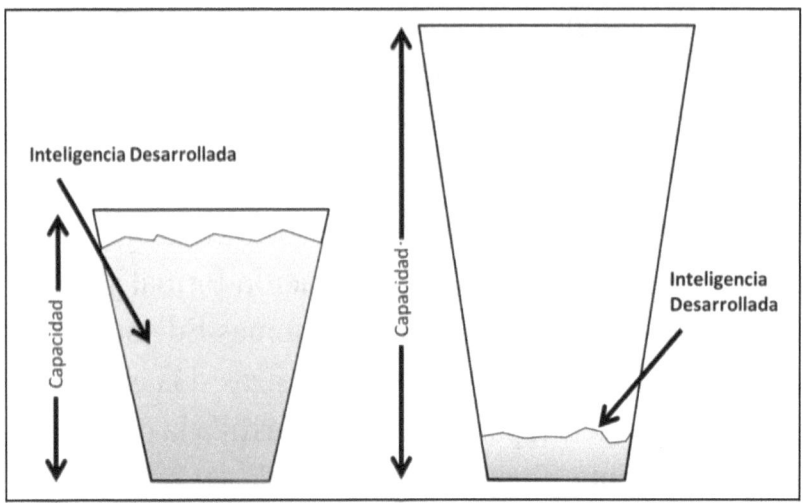

Tampoco la inteligencia es un don especial y lo voy a explicar más adelante con la teoría de las *inteligencias múltiples,* ya que cada ser humano tiene inteligencia en un ámbito específico.

Mucho menos la inteligencia se mide por los logros que una persona tenga, aunque quizás los logros evidencien en algunos casos la utilización de la inteligencia como proceso.

No es innata, sino que más bien el contexto juega un papel fundamental para su desarrollo. No tiene un tope, porque a medida que tenemos más experiencias significativas de aprendizaje, más se alimenta el crecimiento y desarrollo de la misma. Es decir, el vaso crece.

Y tampoco hay un tiempo en nuestras vidas para desarrollar la inteligencia. Es cierto que por los prejuicios y bloqueos que tiene una persona adulta, muchas veces la falta de flexibilidad hace que sea cuesta arriba el desarrollo de la inteligencia a ciertas edades. Ahora, eso no quiere decir que una persona que se concentre en tener una mente flexible y esté abierta al aprendizaje no pueda desarrollar su inteligencia igual o mejor que una persona más joven. Al fin y al cabo, hay personas de corta edad que piensan de manera inflexible y creen que se las saben todas y personas de edad avanzada que son verdaderos maestros del aprendizaje.

Se está acercando la hora en que vamos a empezar a comprender aspectos nunca antes mencionados sobre la inteligencia y el aprendizaje.

Un líder es el que a través de la estimulación por medio del lenguaje y la comunicación asertiva permite sacar a relucir lo mejor de cada persona.

EL GENIO DE LA ORATORIA

Mediocre es el profesor que no crea las condiciones para que el alumno lo supere.

EL GENIO DE LA ORATORIA

Hago alusión a los mitos sobre la inteligencia porque la visión, la creencia que tengamos de nosotros mismos y sobre los demás puede condicionar nuestro desarrollo y funcionamiento de la inteligencia.

Como el caso del experimento de «Una clase dividida»:

En 1968 la maestra de primaria Jane Elliot decidió llevar a cabo un ejercicio pedagógico con sus alumnas y alumnos a raíz de la muerte de Martin Luther King. Se trataba de un experimento basado en la categorización social y su objetivo era concienciar al alumnado sobre los efectos de la discriminación, tanto en quien la ejerce como en quien la padece.

Consistió en dividir el aula en dos grupos en función del color de los ojos. De esta manera, a los niños y niñas que tuvieran los ojos azules la profesora les diría que eran superiores y más inteligentes que los de los ojos marrones y por eso tenían derecho a ir al recreo o podían repetir la comida. Mientras a los niños de ojos marrones les diría que eran más lentos, menos inteligentes y más torpes, por lo que no podrían disfrutar de los privilegios de los primeros. Además, a cada niña y niño de la clase con ojos marrones se les hizo ponerse un pañuelo en el cuello que servía para identificarles rápidamente como el grupo discriminado. Esta separación en el aula rápidamente obtuvo consecuencias y empezaron las peleas entre ambos grupos y las discusiones en clase. Amigos de toda la vida se veían ahora enfrentados simplemente por el hecho de que les habían dicho que eran diferentes.

Al día siguiente, la profesora invirtió los papeles y los niños de ojos marrones pasaron a ser los superiores. Lo curioso es que en ese momento este grupo realizó las tareas y los ejercicios de clase bastante más rápido que como lo habían hecho el día anterior y mucho más rá-

pido que el grupo de ojos azules. Cada grupo había adoptado perfectamente el rol de dominantes y subordinados, con los correspondientes estados de ánimo de alegría y tristeza en cada uno de ellos. Al finalizar este ejercicio, la profesora les explicó que se trataba de un ejercicio para que se dieran cuenta de cómo actúan los racistas en su país y que si no les parecía justo sentirse discriminados por el color de sus ojos, tampoco es justo perpetuar los prejuicios sociales basados en categorías como el color de la piel.

Más tarde, Elliot desarrolló un experimento similar con funcionarios de una prisión de máxima seguridad de Nueva York y obtuvo resultados sorprendentemente muy parecidos a los de los niños.

Así, Jane Elliot consigue que nos hagamos una profunda reflexión sobre la igualdad entre las personas. Este tipo de experimentos nos ayuda a saber cómo y por qué se produce la discriminación y se justifica la intolerancia entre grupos sociales. Hay que tener en cuenta, como dice la propia maestra Jane Elliot, que se trata de un experimento muy controvertido y puede resultar peligroso llevarlo a cabo si no se tienen los conocimientos necesarios para hacerlo.

Lo que quiero resaltar, más que el racismo, es que como líderes debemos comprender y crear el ambiente para que los aliados se crean inteligentes, a la vez que usted como líder también lo crea.

Lo cierto es que hay investigaciones importantes que han arrojado como resultado que ni la raza, sexo, edad, herencia ni otros aspectos determinan nuestro desarrollo de la inteligencia.

Lo que nos lleva a la conclusión de que la inteligencia se aprende, o planteado de mejor forma, se aprende a ser inteligente.

La inteligencia se aprende

La inteligencia no es más que la capacidad de comprender las situaciones y adaptarse rápidamente, escogiendo muchas veces entre varias opciones y resolviendo problemas con destreza mental y reestructurando datos perceptivos.

Las palabras clave de la inteligencia son: Aprender. Comprender. Aprehender. Percepción. Intelecto. Adaptación. Capacidad. Resolución. Penetración. Agudeza. Perspicacia. Destreza. Reestructuración. Pero quizás nos quedemos cortos con todos estos conceptos, porque la inteligencia es mucho más.

¿A dónde vamos con todo esto sobre la inteligencia? Ya te digo la respuesta.

Si bien es cierto que algunas personas nacen con dotes especiales para ciertas tareas o con ventajas para dominar ciertos contextos, si no se desarrollan, no se estimulan, no se trabaja para ser mejores cada día, difícilmente se logre mejorar la inteligencia. Existe un modelo teórico muy importante llamado la Teoría de las inteligencias múltiples, de Howard Gardner, quien explica que existen diferentes tipos de inteligencia y que las personas en general suelen tener capacidades, destrezas y aptitudes para utilizar ciertos tipos de inteligencia tomando en cuenta que a unas personas se les hace más fácil dominar ciertos tipos de inteligencia y a otras se les hace más fácil dominar otros tipos.

> *"Un hombre inteligente es aquel que sabe ser tan inteligente como para contratar gente más inteligente que él".*
> JOHN F. KENNEDY

Los tipos de inteligencia son:

- *Inteligencia lingüístico-verbal*
- *Inteligencia lógico-matemática*
- *Inteligencia espacial*
- *Inteligencia musical*
- *Inteligencia corporal cinestésica*
- *Inteligencia intrapersonal*
- *Inteligencia interpersonal*
- *Inteligencia naturalista.*

Pero las investigaciones no quedaron allí, y esto fue solo el comienzo porque el doctor Charles Branton

Shaerer pudo subclasificar estas categorías haciéndolas mucho más faciles de comprender. Vamos a colocar cada categoría con las subcategorías correspondientes para tener la referencia directamente.

Inteligencia lingüístico-verbal: capacidad para usar el idioma en la comunicación y expresión, como lo hacen los escritores.

- Subcategorías de la *Inteligencia lingüístico-verbal,* que se subdivide en: sensibilidad lingüística (habilidad en el uso de las palabras), lectura (habilidad e interés por las palabras a partir de la lectura), escritura (habilidad e interés por las palabras a partir de la elaboración de trabajos escritos), habla (habilidad en la comunicación oral).

Inteligencia lógico-matemática: capacidad para pensar lógicamente, utilizando de forma eficaz los números en la solución de problemas que impliquen raciocinio, cálculo y abstracción, como lo hacen los matemáticos y científicos.

- Subcategorías *Inteligencia lógico-matemática,* que se subdivide en: solución de problemas (habilidad en la organización, solución de problemas y desarrollo del raciocinio lógico), cálculo (habilidad para lidiar con los números en operaciones matemáticas complejas).

Inteligencia espacial: capacidad para pensar visualmente y orientarse espacialmente, como lo hacen los artistas, decoradores, arquitectos, topógrafos, inventores y guías.

- Subcategorías *Inteligencia espacial*, que se subdivide en: imaginación (habilidad en la utilización de la mente para observar y crear), diseño artístico (habilidad para el diseño, pintura y otras expresiones artísticas), construcción (habilidad para confeccionar, construir o agrupar cosas).

Inteligencia musical: capacidad de interpretación y expresión musical, como lo hacen lo músicos.

- Subcategorías *Inteligencia musical*, que se subdivide en: habilidad musical (percepción y sensibilidad para la música), habilidad vocal (manifestar la música a través de la voz), habilidad instrumental (tocar instrumentos musicales), apreciación musical (sensibilidad especial para apreciar la música).

Inteligencia corporal-cinestésica: capacidad para utilizar el cuerpo en el desarrollo de actividades que requieren precisión, o como medio de expresión, como lo hacen los cirujanos, artesanos, esculturas, atletas, bailarines, etc.

- Subcategorías: *Inteligencia corporal-cinestésica*, que se subdivide en: actividad física (habilidad para mover el cuerpo en actividades físicas), danza y representación (habilidad para usar el cuerpo como vehículo de expresión), trabajos manuales (habilidad y destreza en el uso de las manos y de herramientas específicas en trabajos pequeños y minuciosos).

Inteligencia interpersonal: capacidad para desenvolvernos eficazmente con otras personas, involucrando la comprensión de sus sentimientos y necesidades, como lo hacen los profesionales de las ventas y de recursos humanos, asistentes sociales, agentes de viajes, etcétera.

• Subcategorías *Inteligencia interpersonal*, que se subdivide en: comprensión (sensibilidad para entender a otras personas, involucrando sentimientos y puntos de vista), relación (habilidad para mantener buenas relaciones con las personas), liderazgo (habilidad para asumir el liderazgo de personas, solución de problemas y ejercer influencia).

Inteligencia intrapersonal: capacidad para conocerse a sí mismo y dilucidar fortalezas, motivaciones, metas y sentimientos, como los empresarios y terapeutas.

• Subcategorías *Inteligencia intrapersonal*, que se subdivide en: autoconocimiento (conciencia de las propias ideas y habilidades, y herramientas disponibles), conciencia de metas (conciencia de las propias metas y de aquello que se necesita corregir o mejorar para obtenerlas), administración de los sentimientos (habilidad para controlar los propios sentimientos), administración de los comportamientos (habilidad para controlar la relación entre sus actividades mentales y su comportamiento).

Inteligencia naturalista: capacidad para reconocer, clasificar, observar y comprender patrones ambientales, especies e individuos, como lo hacen los biólogos, botánicos, genetistas, por ejemplo.

- Subcategorías *Inteligencia naturalista*, que se subdivide en: cuidados con los animales (habilidad para entender el comportamiento, las necesidades y las características de los animales), cuidados con las plantas (habilidad para trabajar con plantas), ciencia (conocimiento y habilidad para lidiar con el conjunto de fuerzas que mueve la vida).

Además de estas inteligencias antes mencionadas, las investigaciones han teorizado otros tipos de inteligencia como las propuestas por Elaine Austin Beaumont:

Inteligencias mentales:

- Inteligencia racional: Uso de la razón, lógica, causa y efecto de las cosas.
- Inteligencia asociativa: Lidia con conexiones, sobrepone datos, asociándolos y comparando.
- Inteligencia espacial: Percibida por imágenes, sonidos, visualización antes de la práctica.
- Inteligencia intuitiva: Es el conocimiento directo que surge sin participación de la razón.

Inteligencias emocionales:

- Inteligencia afectiva: Capacidad de responder afectivamente a relaciones o cosas para mantenerse ligado a la vida.
- Inteligencia de los estados de ánimo: Capacidad de dirigirse por los estados de ánimo, que van del placer al dolor.
- Inteligencia de la motivación: Reconocer ansias y deseos y el impulso de conquistarlos para conseguir accionar.

Inteligencias del comportamiento:

- Inteligencia básica: Aproximación o distanciación de algo o alguien de forma libre y espontánea.
- Inteligencia de los patrones: Reconocer variables que condicionan comportamientos y su desarrollo, permitiendo aceptación o cambio de las mismas.
- Inteligencia de los parámetros: Se refiere a ritmos y rutinas de vida buscando el orden, seguridad y bienestar personal.

Por su parte, otra clasificación que puede hacerse de los tipos de inteligencia es una información muy bien encuadrada por el escritor y empresario Robert Kiyosaki que si bien no dice directamente si son tipos de inteligencia, fácilmente puede asociarse como tal, debido a que genéricamente hablando maneja conceptualmente los mismos principios.

Y estos tipos de inteligencia son los siguientes:

- Inteligencia académica: habilidad para leer, escribir y solucionar problemas matemáticos en un escenario académico específico con parámetros establecidos por el sistema educativo formal y semi-formal.

- Inteligencia profesional: habilidad para desenvolverse y pensar resolviendo problemas relacionados con un área de trabajo específica y centrada en un producto o servicio y percibiendo un pago por la misma.

- Inteligencia financiera: capacidad para llevar a cabo tareas creativas a mediano y largo plazo con flexibilidad en horario y tiempo y con la finalidad de hacer que el dinero se reproduzca fácilmente con un mínimo esfuerzo y máximo provecho, sin que sea altamente necesaria la presencia de la persona.

La conclusión de este tema es sencilla:

- La inteligencia se aprende, por lo que el líder de una institución debe proveer las situaciones para que sus aliados sigan aprendiendo continua y permanentemente a través de la capacitación continua, el cambio de roles, la enseñanza multidireccional (que uno le enseñe al otro lo que sabe, hace, los trucos de su labor, entre otros). Las organizaciones, compañías e instituciones de hoy deben convertirse en universidades y permitirles la capacitación continua a los trabajadores-aliados.

- Puede haber ciertas capacidades, pero sin desarrollo, la capacidad quedará vacía (como el vaso).
- Somos inteligentes en algunos ámbitos y en otros no. Por lo tanto es altamente necesario dentro de las organizaciones el trabajo en equipo, ya que las habilidades de los aliados y el líder dentro de las organizaciones vienen a ser complementarias.
- La inteligencia requiere de trabajo y ese trabajo no precisamente es físico.
- Lo más importante para las organizaciones es mantenerse aprendiendo. Y para mantenerse aprendiendo es altamente necesario mantenerse enseñando.

Para poder aprender debes enseñar

Estoy en la carrera de educación desde que tenía diecisiete años de edad; tuve que empezar temprano porque fue uno de los primeros trabajos que podía tener, ya que por estar vinculado al deporte desde temprana edad era mucho más fácil ingresar como profesor de educación física en las escuelas dada la escasez de profesores graduados en esta área en mi estado natal (el estado Bolívar-Venezuela).

Esa experiencia me motivó a estudiar la carrera y siempre observé cómo las personas aprenden. Tuve varios años como no graduado, observando a las personas aprender y transformarse en cuanto a personalidad y forma de ser.

Luego, mientras estudiaba la carrera de Educación nunca me separé del sistema educativo y me la pasaba observando y aprendiendo cada día con mejor experiencia y mejor campo el cómo las personas aprendían y al mismo tiempo cómo podía yo aprender cada vez que daba una clase. Siempre me ha gustado aprender.

Luego llegué a la universidad como profesor, tiempo después de haber transitado por ésta como estudiante. Cada vez que iba a facilitar una clase necesitaba prepararme, leer y reflexionar sobre el tema, y al terminar de facilitar aquellos conocimientos y nuevos aprendizajes salía de las clases con mucho más conocimiento tanto del tema en específico como de mejores herramientas para enseñar y, al mismo tiempo, un aprendizaje extra de la experiencia de cada estudiante.

Pero no fue sino hasta hace poco cuando descubrí y pude darme cuenta de aquello que sospeché durante mucho tiempo: *la mejor forma de aprender algo es enseñándolo.*

Algo que debí aprender en la escuela pero ni rastro de ello. Tampoco me lo dijeron en la universidad. Que por cierto es una universidad pedagógica. Tuve profesores excepcionales, otros no tanto, pero en realidad no aprendí directamente que si deseamos aprender mejor algo, debemos empezar a enseñarlo.

Hoy, mientras trabajo dando clases y conferencias, lo que puedo decir es que me mantengo aprendiendo cada vez que puedo preparar y experimentar facilitando una clase, una charla o un curso.

El cono del aprendizaje
de Edgar Dale

Despues de 2 semanas tendemos a recordar	Naturaleza de la actividad involucrada		
El 10% de lo que leemos	Lectura	Actividad verbal	
El 20% de lo que oímos	Palabras oídas		Pasivo
El 30% de lo que vemos	Dibujos observados		
El 50% de lo que oímos y vemos	Mirar una película Ir a una exhibición Ver una demostración Ver algo hecho en la realidad	Actividad visual	
El 70% de lo que decimos	Participar en un debate Tener una conversación	Actividad participativa y receptiva	Activo
El 90% de lo que decimos y hacemos	Realizar una representación teatral Simular experiencias reales Hacer la cosa que se intenta aprender	Actividad pura	

Por esa razón puedo decirle que *se está acercando la hora* en que el líder debe tener una visión diferente.

Entonces, si un líder quiere mantenerse aprendiendo, es altamente necesario que se mantenga enseñando.

Y lo que le estoy diciendo está científicamente comprobado por el pedagogo estadounidense Edgar Dale, con una teoría interesante llamada «el cono del aprendizaje» de la cual ha habido adaptaciones importantes.

La conclusión es que el profesor aprende más que el estudiante. Es el más beneficiado en el proceso. Si nos ponemos a observar con detalle nos daremos cuenta de lo que se está comentando.

A través de la lectura podremos recordar y obviamente aplicar aproximadamente 10% del contenido, según Dale.

Cuando escuchamos dicho contenido, entonces sería aproximadamente el 20%. (Cuando menciono que es aproximado es porque debemos recordar que la teoría es esclava de la práctica, pues siempre irá un paso atrás porque la práctica es mucho más compleja y la teoría realiza un esfuerzo grande para tratar de comprenderla. Recomiendo mente abierta y flexible al respecto).

Siguiendo con el cono del aprendizaje tenemos entonces que cuando vemos algo como imágenes: entonces será un poco mayor la retención, hasta el 30%.

La retención y el aprendizaje aumentan si vinculamos el audio y el video. A más o menos 50%.

Si entonces somos nosotros los que estamos hablando de un tema, debatiendo o conversando de manera activa, el aumento sería del 70%. Y por último, si podemos unificar lo que decimos con lo que hacemos entonces tendremos un aproximado de 90% de aprendizaje; como ejemplo, una representación o participar activamente en situaciones reales y prácticas de aprendizaje.

Si el líder de una organización en realidad es inteligente, debe enseñar todo lo que sabe para poder aprender mucho más y seguir avanzando en la producción y prosperidad de la organización. Sabiendo que al enseñar pone en práctica, se involucra, habla y participa activamente. Con esto estará asegurado el aprendizaje del líder y por ende su evolución continua y permanente.

Lo mismo debe hacer con los aliados dicho líder, pues es altamente necesario para la salud de la organización que éste pueda promover la cultura de la enseñanza y aprendizaje como eje transversal y cotidiano en cada uno de los procesos que se desarrollan dentro de ésta.

> **«La capacidad de aprender más deprisa que la competencia, quizás sea la única ventaja competitiva sostenible».**
>
> JOSEPH O'CONNOR Y JOHN SEYMOUR

Por esta razón debo decir que s*e está acercando la hora* en que estamos empezando a comprender que la inteligencia suprema se logra en colectivo, pensando como equipo, para que la raza humana pueda pasar al siguiente nivel evolutivo.

Se está acercando la hora de comprender de una vez por todas que la inteligencia de la colmena es mayor a la suma de la inteligencia de cada abeja.

Se está acercando la hora en que vamos a empezar a resolver ciertos enigmas, tomando en cuenta que cada uno tiene una pieza del rompecabezas y cada pieza es sumamente importante, por ello *se está acercando la hora* en que comprenderemos que todos los humanos somos importantes y tenemos algo que aportar, y que por grande o pequeño que sea ese aporte, es necesario y valioso para el logro de los objetivos, la misión o el producto final.

¡Ya es la hora!

«¡Máquinas voladoras más pesadas que el aire,
es imposible!»

Lord Kelvin,
presidente de la Sociedad Real Británica, 1895

«640 kilobytes de memoria deberían ser suficientes
para cualquiera».

Bill Gates, 1981

Desarrollo de la intuición

Era el año 2035 y un grupo de líderes negativos celebraba de manera maquiavélica un hallazgo que cambiaría el funcionamiento de las organizaciones para siempre, porque les traería grandes beneficios a los líderes y las ganancias iban a aumentar drásticamente, pero tal descubrimiento perjudicaría a la humanidad. Un viejo sabio que observaba la situación se acercó a los líderes y les dijo: «El liderazgo en unos años será un caos total. Las cosas tal como las conocemos van a cambiar para mal, para algo muy malo». Aquellos líderes se rieron del viejo sabio y éste se fue a la cima de la montaña donde vivía a seguir meditando y reflexionando al respecto.

Ante toda esta situación, le tengo una pregunta. Responda mentalmente o por escrito: ¿Quién fue primero, el huevo o la gallina?

_____

_____

_____

¿Le parece extraña la pregunta? Posiblemente usted esté pensando que el libro tiene un error o que es una locura. También puede estar pensando que esta idea no encaja aquí. No importa, por ahora le pido por favor que se deje llevar, imagine que nada ha pasado, piense por un momento que todo está bien y siga leyendo. Más adelante organizaremos todo este asunto.

Si no ha respondido a la pregunta todavía, está a tiempo. Tómese el tiempo que sea necesario.

Ahora le voy a realizar otra pregunta.

¿Cuál de estas dos frases tiene la razón?:

LA FRASE DE ABAJO ES VERDADERA
LA FRASE DE ARRIBA ES FALSA

Cuando leemos la frase de arriba nos dice que la frase de abajo es verdadera. Entonces dirigimos la mirada hacia la de abajo, que nos informa que la frase de arriba es falsa, desmintiendo a la de arriba, que afirmaba que la de abajo es verdadera, pero… ¡Qué gran enredo! Se ha creado una paradoja.

Las paradojas son contradictorias porque atentan contra las ideas que la mayoría de las personas consideran reales. Pero el hecho de que la mayoría considere que algo es real, no significa que lo sea.

Si nos vamos a la pregunta anterior sobre quién fue primero, si el huevo o la gallina, cuando la persona responda el huevo, entonces su conciencia puede preguntarle: ¿Quién puso ese huevo? Y si dice que primero fue la gallina entonces la pregunta es: ¿De dónde provino esa gallina?

Las paradojas nos colocan momentáneamente en un círculo que no tiene salida, pero al mismo tiempo nos estimulan a que pensemos y actuemos de forma diferente para poder conseguir una respuesta, algo que nos saque del círculo vicioso que no nos lleva a ninguna parte.

En pocas palabras, la única forma de salir de esa caja de cristal que nos tiene encerrados los pensamientos es rompiendo el paradigma.

Los paradigmas no son más que cristales que interrumpen en muchas ocasiones nuestro avance hacia nuevas perspectivas y nuevos progresos, dejándonos en ese círculo vicioso del cual hablábamos.

En caso de emergencia, rompa el paradigma.

GO

Lo que nos lleva a concluir que el cambio es el único camino hacia el éxito, hacia la evolución, hacia la prosperidad, ya que es la única forma de acabar con lo tradicional, para innovar con nuevas formas de ver las cosas.

El problema que surge es que el cambio requiere que actuemos con inteligencia y pensemos de manera creativa, y estas son dos tareas que suelen tornarse nada fáciles para muchas personas. Excepto para los verdaderos líderes.

«Creo que existe un mercado mundial para tal vez... cinco computadoras».

THOMAS WATSON,
presidente de IBM, 1943

«No existe ninguna razón para que alguien quiera tener una computadora en casa».

KEN OLSON,
presidente, director y fundador de Digital Equipment Corp., 1977

El mundo de hoy es paradójico

Cuando nos detenemos a pensar lo que nos ocurre en el día a día, observamos un mundo paradójico. Es posible que usted asista a un hospital porque necesita curarse de una enfermedad y salga más enfermo ¿No es algo paradójico? El hospital, que es un recinto donde se curan y tratan enfermedades para aliviarlas o eliminarlas, puede que más bien usted se enferme en el mismo, agarre un virus o contraiga alguna otra enfermedad.

En mi país, Venezuela para que el tránsito funcione mejor, las autoridades cierran parte de las vías. Lo que ocurre es que cerrar el hombrillo de la autopista (la parte más cercana a la derecha de la vía) permite que fluya mejor el tráfico vehicular, en vista de que no existen entonces abusadores que puedan meterse por ese canal, creando el efecto embudo que entorpece el tráfico. ¿Paradójico, cierto? Cerrar una vía para que fluya el tráfico.

Hay una técnica que utiliza el cuerpo de bomberos para evitar incendios, y es crear uno. Crear un incendio controlado en un espacio que está propenso a sufrir un incendio, como un bosque seco.

Esto es algo que me resulta altamente paradójico. Imagine que le hacemos la pregunta al jefe de los bomberos y éste nos responde: «Para evitar un incendio debemos crearlo». Esto sí que es paradójico. Pero el hecho de que sea paradójico no significa que no tenga razón.

Es posible que alguien asista a una escuela, la cual es un centro de educación y resulta que más bien se maleduque. Que reciba una malformación ¿Asistir a una escuela a recibir malformación y que maleduquen a la persona? Paradójico pero puede pasar, si nos detenemos a pensar reflexivamente.

Y así sucesivamente, si usted observa con detalle la cotidianidad se dará cuenta que existen muchas paradojas que en cierto modo caracterizan nuestro mundo. Por esa razón el cambio es la solución, porque cambiar la forma de pensar es lo que permitirá salir de la paradoja para crear una nueva y mejor realidad.

Por lo antes expuesto es que afirmo que los líderes actuales deben saber que el cambio ya no es una opción, es una obligación, ya que estamos viviendo momentos de cambios bruscos y rápidos y el líder que no esté dispuesto a cambiar se va a quedar atrás y será difícil recuperarse en un mundo tan volátil.

La historia no los ha demostrado. Observemos a estas personas que fueron arrastradas por los cambios y tuvieron que cambiar su forma de ver las cosas, contradiciéndose a medida que fue pasando el tiempo. Esto lo podemos apreciar en las frases que hemos estado colocando durante la lectura de este tema.

«Las computadoras del futuro podrían llegar a pesar poco más de 1 tonelada y media».

POPULAR MECHANICS,
previendo la implacable marcha de la ciencia, 1949
«Ese (teléfono) tiene demasiados defectos como para ser considerado un medio de comunicación serio.

> El dispositivo no tiene ningún valor inherente para nosotros».
>
> MEMORANDO INTERNO DE LA WESTERN UNION, 1876

Información

Hemos dicho anteriormente que estamos en un mundo paradójico, el cual tiene dos características fundamentales, una de ellas es *la información*. Como lo mencionan muchos escritores del momento, estamos en la era de la información. La información crece de manera exponencial e indiscriminada en múltiples direcciones.

Prensa, libros, radio, televisión, internet, redes sociales, aunado a los teléfonos celulares, se puede decir que hay mucha información. Este bombardeo exagerado de información, puedo afirmar que ha sido en cierto modo contraproducente para el ser humano, porque lo que ha hecho es crear caos. Todo en exceso hace daño, hasta la información. Entonces, paradójicamente, estamos en la era de la información y nos encontramos desinformados.

Porque al existir tanta información no sabemos qué es cierto y qué es falso. Tampoco contamos con el tiempo para verificar si algo es real o no.

En Venezuela ocurre algo muy curioso que no sé si ocurra en algún otro país. Lo más probable es que sí.

Lo cierto es que si enciendo la televisión en un canal, resulta que todo es un caos, violencia, las noticias no son nada positivas y prácticamente estresan al televidente.

Por otro lado, sintonizando otro canal entonces todo está perfecto, las cosas funcionan con armonía y todo es una paz y felicidad absoluta, alejando de la realidad a las personas que miran este canal.

Ojala pueda tener el chance de observar el video que está en el link que se presenta al final de párrafo. Que si bien para algunos puede parecer que tiene una tendencia política partidista, lo que quiero que vea es que al final del video, dependiendo del encuadre, la música y la toma que se le coloque, puede parecer caos y desidia o armonía y paz. Entonces, ¿en quién creer? http://goo.gl/saU0F.

No quiero con esto generalizar que el reportaje en Venezuela no sea de calidad, lo que quiero enfatizar es la forma como se transmite la información y la incertidumbre, angustia y ansiedad que se vive por no saber si algo es cierto o no.

Lo que me gustaría aclarar más específicamente es que la información exagerada nos lleva a la desinformación por no saber en qué creer, y esto genera ciertas condiciones para tomar decisiones que el líder debe aprender a manejar si desea tener éxito.

Por ejemplo, si un diario que está en contra del gobierno actual le informa en la parte de economía que no se puede invertir porque las condiciones están dadas para perder la inversión y por otro lado, un periódico que está a favor del gobierno actual le informa, también con muchos argumentos como el diario anterior, que todas las condiciones están dadas para invertir y que al hacerlo usted tendrá grandes ganancias sea cual sea la decisión que usted tome, se estará arriesgando. Arriesgando a perderlo todo o arriesgando a no ganar nada.

La pregunta es: ¿cómo manejar el estrés generado por el tormento del exceso de información, que a su vez lo lleva al estrés que puede generar el no saber manejar el riesgo? Le invito a que continúe leyendo para coincidir con la respuesta.

> **Cuando llegue el final de su existencia física estoy seguro que se arrepentirá más de lo que quiso hacer y nunca hizo que de lo que hizo y no salió bien.**
>
> «El Genio de la Oratoria»

Hace muchos años un científico y filosofo lo dijo y hoy más que nunca se mantiene: «Todo es relativo» (Albert Einstein). Porque la certeza total no existe en una mente y en un cuerpo que son imperfectos y que cometen errores, que están sujetos a interpretaciones, que tienen sentimientos y que su experiencia de vida es lo que determina quiénes somos, cómo nos comportamos y cómo vemos la realidad, es muy poco probable que la certeza total pueda existir. Mientras esto sea así, seguiremos sin tener la certeza total.

Para que el mundo evolucione, primero debes evolucionar tú y los que están a tu alrededor.

Para que la empresa, institución u organización evolucione aplica lo mismo del párrafo anterior.

Por eso es que el líder actual debe centrar sus esfuerzos en el talento humano. Obviamente sin abandonar los materiales, las finanzas, ni la infraestructura. Es una tarea nada fácil, pero el verdadero líder es quien la asume.

> **Sobre la radio: «La caja de música sin cables no tiene un valor comercial imaginable. ¿Quién iba a pagar por enviar un mensaje a nadie en particular?».**
> **Un socio de David Sarnoff respondiendo a una petición para invertir en la radio en la década de 1920**

Velocidad

Otra característica de este mundo paradójico es la velocidad. A medida que pasa el tiempo las computadoras son más rápidas, los teléfonos celulares funcionan con mayor rapidez, los medios de transporte, como los automóviles, las motos, los barcos, los aviones, todos han aumentado su velocidad con el paso del tiempo.

En general, todo va más deprisa, las personas también están aprendiendo más rápido. Entonces la velocidad se ha convertido también en algo cotidiano, al igual que la información. Tenemos que tomar decisiones rápidas en muchos casos en vista de lo acelerada que está la vida.

La velocidad nos lleva al desequilibrio porque al ir muy rápido, en cierto modo no podemos controlar las situaciones como cuando vamos con más lentitud.

Entonces la estabilidad y el equilibrio se desvanecen por estar presente en todo momento la velocidad, manteniéndonos en un constante desequilibrio.

El desequilibrio crea al mismo tiempo unas condiciones especiales, en vista que el control se hace más difícil. Cuestión que exige al líder aprender a manejar las situaciones, aun perdiendo el control y el equilibrio.

De la misma forma como el exceso de información que nos tiene desinformados, muchas veces nos lleva a tomar decisiones en un marco de riesgo porque no tenemos certeza total de las situaciones; decisiones con datos incompletos en múltiples ocasiones, quizás en la mayoría de las mismas, generando cierto estrés, incertidumbre y caos.

También el líder actual experimenta con estos males al no poder controlar la velocidad con que se le presentan las situaciones y la prisa con la que tiene que decidir para solventar y resolver los problemas.

Lo que nos lleva a la siguiente conclusión:

Información (exceso) = Desinformación = Riesgo

Velocidad = Inestabilidad = Desequilibrio

El desequilibrio generado por la velocidad y el riesgo causado por el exceso de información tienden a generar situaciones incómodas en los líderes y sus aliados, traducidos en estrés, incertidumbre, duda, angustia, inquietud, indecisiones que pueden afectar nuestra salud mental.

Pero, ¿Qué debemos hacer? No podemos quedarnos cruzados de brazos ante esta situación, más bien debemos poner manos a la obra y no dejar al azar las decisiones.

Porque con todas estas situaciones en contra lo que debemos hacer es aprender a manejarlas, ya que difícilmente podamos apartar tales características de nuestras vidas, como lo es el exceso de *información y la velocidad* que generan el riesgo y el desequilibrio.

No estoy de acuerdo con lo que dice el autor en cuanto a que a mayor velocidad menos equilibrio, porque si vas en una bicicleta y la llevas sin sostener el manubrio necesitas velocidad, porque si vas muy lento pierdes el equilibrio. ¡Esto sí que es paradójico, ¿cierto?! El autor me permitió contradecirlo en su mismo libro.

EL GENIO DE LA ORATORIA

Principios del líder exitoso

Hablando de paradojas, algo que era negativo se convierte en algo positivo porque el *desequilibrio* y el *riesgo* pasan a ser principios del líder exitoso.

Hoy quien aprenda a manejar el *riesgo* y el *desequilibrio* tiene más posibilidades de tener éxito, ya que son elementos que se nos presentan a diario y no podemos eliminar, sino más bien aprender a manejar.

El desequilibrio permite el movimiento. Sin movimiento no hay evolución, avances, éxito, producción, prosperidad.

Contrario a esto, el equilibrio es una resultante donde el movimiento y el cambio son igual a cero. No hay movimiento, nada cambia.

Por esta razón se hacen necesarios el desequilibrio, la inestabilidad y los cambios para poder avanzar y no quedarnos atrapados en una telaraña de lo anticuado y clásico, lo cual atenta contra la innovación y la creatividad.

De la misma forma, saber arriesgarse es requisito fundamental en las personas de hoy, en los líderes de hoy y en los aliados de hoy. Esto debe pasar a ser parte de la cultura de una sociedad. Porque tenemos que aprender a tomar decisiones con datos incompletos y en muchos casos apoyándonos en algo que no es visible a simple vista, y lo que completa la fórmula: muchas veces de manera rápida.

Enseñar a los aliados de una organización, a los trabajadores, a la gente que hace realidad el servicio de una compañía a que tomen decisiones rápidas y con datos incompletos es una necesidad que todo líder debe manejar, ya que como se ha dicho antes, no somos omnipresentes para estar en todos los momentos en que tengan que tomarse decisiones importantes.

Tampoco podemos sentarnos a esperar y mucho menos investigar profundamente para comprobar si una información es veraz, porque perderíamos un recurso muy importante, quizás el más importante, el tiempo. También, muchas oportunidades que requieren de decisiones rápidas con respuestas inmediatas.

Como no podemos sentarnos a esperar a saber si algo es cierto o no, tampoco indagar hasta la raíz de la veracidad de una información, hay que utilizar otro mecanismo más eficaz.

Los cuerpos policiales más importantes del mundo utilizan la máxima tecnología, los mejores dispositivos de análisis y todo un potencial en recursos económicos para determinar la veracidad o la autenticidad de algún hecho, aun así, a la hora de informar a las masas dependen de la aprobación de algunos intereses políticos.

EL GENIO DE LA ORATORIA

Y esta es la razón fundamental por la cual hay que arriesgarse y hay que hacerlo con velocidad. No con esto queremos estimular la impulsividad, sencillamente queremos darle otro marco, otra visión, otro punto de vista.

Porque la mejor forma de manejar estos principios y desarrollarnos como líderes es a través del desarrollo de *la intuición.*

¿Vamos muy rápido? Ya estamos empezando a organizar el caos de este tema. Recapitulemos:

1. Estamos en un mundo paradójico donde hay muchas contradicciones.

2. Hay dos características que identifican la vida actual, que son exceso la *información* y la *velocidad.*

3. La Información excesiva nos lleva a la desinformación y ésta a su vez al *riesgo,* porque no sabemos qué es cierto y qué es falso y debemos arriesgarnos.

4. La velocidad nos lleva a la inestabilidad y ésta al *desequilibrio* por no poder controlarla.

5. Es casi imposible saber a ciencia cierta si una información es totalmente verdadera o falsa.

6. El *desequilibrio* y el *riesgo,* al estar presentes en nuestro día a día se vuelven principios que el líder debe aprender a manejar para ser exitoso.

7. ¿Cómo manejar el riesgo y el desequilibrio? Desarrollando la *intuición*.

> **Los aviones son unos juguetes interesantes, pero no tienen interés militar»**
>
> MARECHAL FERDINAND FOCH,
> profesor de Estrategia en la ecole Superieure de Guerre
>
> **¿Quién demonios va a querer oír hablar a los actores?**
>
> HARRY WARNER,
> de Warner Brothers Pictores, 1927

Intuición

Cuando hablamos dc intuición, posiblemente a muchas personas les venga a la mente algo mágico. Quizás alguien estará pensando en una cualidad que tienen algunas personas de detectar cuándo va a pasar algo malo o cuándo va a haber un accidente, ese presentimiento que muchas veces nuestras madres o abuelas suelen sentir previo a que algo suceda.

Pero la intuición debo decir que es mucho más que eso. La intuición es la percepción de una verdad diferente de aquella alcanzada por medio de la razón y del conocimiento objetivo.

La intuición es en realidad anticipación. Es prácticamente ese *clic* que algunas personas sienten después que determinados hechos y sensaciones son reorganizados a nivel de la mente inconsciente, porque la intuición ocurre a nivel inconsciente.

Si usted saluda a una persona y le estrecha la mano, puede percibir muchas cosas en ese apretón de manos. Y muchas veces no le prestamos atención a esos mensajes que nos están llegando de manera inconsciente. Por cierto que no tiene nada que ver si le dan la mano muy suave o muy fuerte, es mucho más profundo que eso.

No sé si le ha ocurrido que muchas veces cuando usted saluda a alguien una energía extraña le invade, como diciéndole internamente que la persona no le da buena impresión o algo que no le encaja.

Lo mismo ocurre a veces cuando nos montamos en nuestro automóvil y lo encendemos. Muchas veces nos damos cuenta de que «algo anda mal», pero no prestamos atención a estas señales y nos ocurren situaciones que se pudieron prevenir.

Y así, en múltiples situaciones nos perdemos de anticipar y prever eventualidades aunque habíamos recibido mensajes muy sutiles e inconscientes del ambiente y las personas.

Ahora, cuando ponemos en práctica lo que percibimos, teniendo una mejor conexión con nuestra mente inconsciente, entonces sí estamos intuyendo.

De modo que la intuición no es irracional y por el contrario es más racional de lo que muchas personas piensan. Solo que se manifiesta principalmente de manera inconsciente.

Y para aprovechar ese poder que posee la intuición, el poder de prever, de anticipar situaciones que parecían inadvertidas, debemos mejorar la conexión con nuestra mente inconsciente.

Podemos decir entonces que la intuición es esa capacidad que nos permite planificar y tomar decisiones correctas basados en datos incompletos.

Los líderes que puedan planear y tomar decisiones acertadas con pocos o ningún dato consciente tienen una gran ventaja sobre los demás. Y al mismo tiempo podrán manejar de mejor forma los problemas, funcionando de manera más productiva ante las situaciones de crisis que son cotidianas en estos días.

Todo conocimiento claro e inmediato que no proviene del uso del raciocinio es intuición.

Quiero aclarar que no estoy diciendo que convierta las decisiones en un juego de azar, sino que aprenda a utilizar la intuición como una herramienta más en ese grupo de herramientas que debe poseer un líder.

Y más importante aún, enseñar a todos los que estén a su alrededor en la tarea, los objetivos y la misión.

Muchas veces creemos que esa información que se percibe de manera inconsciente está fuera de nuestro alcance y que no podemos manejarla. Pero no es así.

Y además de aprender a manejar la intuición y sacarle el mejor provecho posible, también podemos estimularla para mejorarla continuamente.

Existen otros nombres que se le pueden atribuir a la intuición, como son:

- Presentir
- Perspicacia
- Anticipar
- Percibir
- Sexto sentido.

El líder que pueda anticipar un problema o una solución tendrá una ventaja profunda, y además podrá lograr sus metas y objetivos de mejor forma.

Ventajas del líder intuitivo

Las personas que aprovechen la intuición para mejorar su liderazgo tendrán muchas ventajas que les permitirán:

- Planificar con más amplitud
- Tomar decisiones rápidas
- Mejorar la creatividad
- Comunicarse de mejor forma
- Aprender más rápido
- Percibir con minuciosidad
- Detectar futuros problemas y prontas soluciones.

¿Qué relación tiene la intuición con la *cultura de liderazgo*?

Todas las organizaciones tienen problemas de diversa índole y a la vez se hace necesario planear de manera estratégica con creatividad, donde la innovación debe ser una constante. Al mismo tiempo, las comunicaciones deben ser altamente efectivas, cuidando los detalles. De la misma manera, al existir tantas situaciones cambiantes se hace necesario promover el aprendizaje como eje transversal e insumo de utilización cotidiana para poder detectar problemas, pero más importante aún, para detectar soluciones.

Por estas y por muchas razones más la cultura de liderazgo debe manejar la intuición como otro recurso en el cual apoyarse para mejorar cada día.

> **Siempre que alguien actúa de manera intuitiva, lo hace a partir de poquísimos elementos, que le servirán para decidirse o no a llevar a cabo algo. Y, casi invariablemente, la decisión y la acción son más acertadas que cuando pasa horas evaluando una enorme cantidad de información para decidirse racionalmente (...) Como la intuición resulta de la comunicación entre los hemisferios cerebrales y esa interacción tiene lugar en la mente inconsciente mediante un proceso que escapa a la lógica y a la linealidad del pensamiento, es necesaria cierta preparación para acceder a las afirmaciones disponibles gracias a la intuición.**
>
> **LAIR RIBEIRO**

Reglas básicas para desarrollar la intuición

- Estimular los cinco sentidos para recuperar la percepción clara de cada uno de ellos.

- Utilizar datos objetivos y subjetivos de la misma manera.

- No dejar que el lado racional de la mente se sobreponga a las emociones e impresiones.

- Aprender a formular preguntas directas sin ambigüedades.

- Mantenerse siempre atento: las evidencias saltan a la vista cuando uno está atento.

- Distanciarse mentalmente de la cuestión de la que se desea intuir la respuesta.

- Estar siempre abierto para la adquisición de nuevos conocimientos. Una «base de datos» mayor, permite mayor cantidad de asociaciones y conclusiones, aunque no sean parte de la mente lógica y analítica.

- Reservar un tiempo de la rutina diaria para el silencio mental y la relajación.

- Acostumbrarse a recordar e interpretar los sueños, pensamientos profundos e impresiones intensas.

En las organizaciones de hoy, se hace altamente necesario para los líderes y sus seguidores desarrollar la intuición y aprender a utilizarla como un proceso mental capaz de brindar grandes beneficios. Y empezar a dejar de lado la creencia limitante de que la intuición es mágica o esotérica.

Era el año 2035 y un grupo de líderes negativos celebraba de manera maquiavélica un hallazgo que cambiaría el funcionamiento de las organizaciones para siempre, porque les traería grandes beneficios a los líderes y las ganancias iban a aumentar drásticamente pero tal descubrimiento perjudicaría a la humanidad. Un viejo sabio que observaba la situación se acercó a los líderes y les dijo: –El liderazgo en unos años será un caos total. Las cosas tal como las conocemos van a cambiar para mal, para algo muy mal–. Aquellos líderes se rieron del viejo sabio y este se fue a la cima de la montaña donde vivía a seguir meditando y reflexionando al respecto.

Era el año 2068 y las personas veían materializada una idea que pensaban imposible. En las organizaciones había humanoides trabajando. Mitad humano y mitad máquina. Éstos trabajaban sin quejarse, sin comunicarse, sin expresarse de ninguna forma, solo cumpliendo el objetivo: La producción.

No se manifestaba ningún tipo de sentimiento. No había placer ni amor por el trabajo y el ambiente era totalmente helado. El frío era lo que más se manifestaba entre aquellos humanoides trabajadores de las organizaciones, ya que les habían extraído los corazones de sus cuerpos para que no pudieran sentir.

Todo iba según el plan hasta que de pronto empezó una lucha interna entre la parte humana y la robótica de aquellas extrañas y perturbadas criaturas. Y se desataron de pronto todos los sentimientos negativos de rabia, tristeza, odio, envidia; también empezó la intriga, las peleas entre ellos, por lo tanto empezó a caer la producción y empezó la preocupación de parte de los líderes empresariales.

En la calle todo era un caos, porque a las personas que todavía no les habían extraído los corazones, protestaban por que les fuera devuelto el corazón a aquellos humanoides atormentados. Todo era un caos, porque las protestas y los problemas con las autoridades aumentaban a cada instante.

Mientras tanto, había una esperanza para tratar de devolverles los corazones a los humanoides gracias al arduo trabajo que llevaba a cabo una doctora de nombre *Usse* y apellido *Tedd*.

La doctora *Usse-Tedd* trabajaba arduamente y todos los corazones extraídos eran almacenados en un laboratorio especializado con alta tecnología denominado *MACC-Nos* por sus siglas en inglés. La doctora trabajaba día y noche pues quería dar con la solución para devolverles a los humanoides sus corazones y que todo volviera a ser como antes, recuperando el calor humano.

Sin embargo el caos en las calles empeoraba, las protestas aumentaban y la situación se escapaba de las manos de las autoridades y todo estaba convertido en un desorden total.

En las organizaciones, las malas relaciones entre humanoides y una serie de problemas se presentaban porque las personas, al no tener corazón, sus sentimientos positivos estaban extintos y solo afloraban los negativos. Esto se hacía sentir en la producción de las empresas e instituciones, llegando al punto que generaban pérdidas millonarias. Y ya los líderes estaban al borde de la quiebra con sus organizaciones.

De pronto, en el laboratorio *MACC-Nos* la doctora *Usse-Tedd* hizo un gesto de celebración al conseguir algo importante con respecto a su investigación. Algo que mejoraría las cosas, volviendo todo a la normalidad.

Por otro lado, los líderes, al no ver la solución a tal situación en las calles, el desorden y la quiebra de las organizaciones, no tuvieron más remedio que buscar a aquel viejo sabio que había predicho tal situación.

Y se fueron a la cima de la montaña, donde lo consiguieron en su lecho de muerte.

Todavía con unos minutos de vida, el viejo sabio recibió acostado en su cama a uno de los líderes, mientras los demás esperaban unos metros más allá.

Cuando el líder tomó de la mano al viejo, le hizo una pregunta de manera apresurada, diciendo: Ayúdanos, todo lo que predijiste se está cumpliendo. Por favor, dinos dónde conseguimos la solución a todos estos problemas que hemos creado.

El viejo sabio le apretó la mano y tiró de ella con fuerza, acercando la cara y el oído del líder hacia su boca para susurrarle con un vibrante titubeo unas palabras, diciéndole: «*MACC-Nos de Usse-TEDD*». Tosió varias veces y repitió. «La solución está en *MACC-Nos* de *Usse-TEDD*». Y volvió a decir: «Por favor, abran bien los ojos y escuchen bien: La solución está en *MANos de UsTed*».

Nos estamos acercando al final de este viaje y quiero decirle que estamos viviendo momentos bruscos. Momentos de cambio, momentos paradójicos, momentos de caos. Pero al mismo tiempo, momentos donde tenemos muchas oportunidades de crecer ante la crisis. Muchas veces esas oportunidades no se ven y debemos buscar no solo con nuestros ojos, sino con algo mucho más profundo para poder observarlas. A veces esas oportunidades son inexistentes, por tal motivo debemos crearlas, porque cuando creemos que todo está perdido y no existen oportunidades, todavía podemos buscar una salida, pero a veces esa salida hay que inventarla.

Hoy en día un solo problema tiene múltiples soluciones, solo que para conseguir esas soluciones debemos guardar la calma ante la adversidad, utilizando todo nuestro potencial, nuestra intuición.

No podemos permitirnos solamente realizar lo obvio, lo que todo el mundo ya sabe. Para salir adelante y con la victoria, debemos hacer un poco más, algo diferente. Ya sea que estemos en una organización, con la familia, en el trabajo, la empresa, la academia.

Y siempre debemos enfrentar el problema y tomar riesgos, tomar el liderazgo. El problema, por grande o pequeño que sea, siempre es importante. Y no importa lo complicado de él, pues siempre tiene una solución, pero debemos pensar de manera diferente. Y la solución a cualquier problema siempre va a estar en *MANos de UsTed*.

Reciba una avalancha de bendiciones. Nos vemos próximamente.

Si usted toma una decisión cuando esté totalmente seguro que todo va a salir perfectamente porque se ha tomado todo el tiempo del mundo para reunir todos los datos necesarios y comprobar que tiene total certeza, posiblemente ya sea demasiado tarde.

EL GENIO DE LA ORATORIA

REFERENCIAS

Ribeiro, L. (2003). *Inteligencia aplicada*. Colombia: Planeta Colombia, S.A.

Ribeiro, L. (2006). *La comunicación eficaz*. Caracas: Ediciones Urano, S.A.

Ribeiro, L. (1995). *El éxito empresarial*. Barcelona: Ediciones Urano, S.A.

Riso, W. (2007). *El poder del pensamiento flexible*. Bogotá: Norma.

Drucker, P. (2002). *Los desafíos de la gerencia para el siglo XXI*. Bogotá: Norma.

Kiyosaki, K. (2007). *Mujer millonaria*. Col. del Valle, México: Aguilar, Santillana Ediciones Generales, S.A.

Kiyosaki, R. (2007). *Guía para hacerse rico*. Col. del Valle, México: Punto de Lectura, S.A.

Kiyosaki, R. (2007). *La escuela de negocios*. Col. del Valle, México: Aguilar, Santillana Ediciones Generales, S.A.

Kiyosaki, R. (2001). *Padre rico, padre pobre*. Buenos Aires: Time & Money Network Editions.

Martínez Miguélez, M. (2007). *La nueva ciencia*. México: Trillas.

O'Connor, Joseph y Seymour, John (1995). *Introducción a la PNL*. Barcelona: Ediciones Urano S.A.

O'Connor, Joseph y Seymour, John (1996). *PNL para formadores*. Barcelona: Ediciones Urano S.A.

http://bitacoradelgaleon.blogspot.com/2007/05/edgar-dale-y-el-cono-de-aprendizaje.html

http://ciudadanodelmundo.espacioblog.com/post/2006/08/26/frases-celebres-lamentablemente-equivocadas

http://helievillalba.blogspot.com/2008/11/artículo-que-valora-los-descubrimientos.html

http://www.youtube.com/watch?v=xDiIYNnWFzU

http://blog.isdfundacion.org/2012/09/09/experimentos-psico-sociales-n%C2%BA3-una-clase-dividida-jane-elliot-1968/

http://deltomate1.blogspot.com/2008/03/frases-celebres-increiblemente.html

http://es.wikipedia.org/wiki/Est%C3%ADmulo_aversivo

Impreso en Venezuela
durante el mes de diciembre del año dos mil catorce
en los talleres litográficos de
MIGUEL ÁNGEL GARCÍA E HIJO, s.r.l.
Sur 15 • Nº 107 • El Conde • Caracas
Telefax: (0212) 576.13.62

E-mail: miguelagp8@hotmail.com

www.ingramcontent.com/pod-product-compliance
Lightning Source LLC
Chambersburg PA
CBHW021943170526
45157CB00003B/914